Nicholas Boothmann

So kommen Sie auf Anhieb gut an!

Nicholas Boothman

So kommen Sie auf Anhieb gut an!

Sofort Kontakt herstellen
Die gleiche Wellenlänge finden
Menschen für sich gewinnen
– beruflich und privat

Aus dem Amerikanischen
übersetzt von Britta Wisser

Die Deutsche Bibliothek – CIP-Einheitsaufnahme

Boothmann, Nicholas:
So kommen Sie auf Anhieb gut an! : sofort Kontakt herstellen ; die gleiche Wellenlänge finden ; Menschen für sich gewinnen – beruflich und privat / Nicholas Boothmann. Aus dem Amerikan. übers. von Britta Wisser. – Landsberg ; München : mvg, 2002
  (mvg-Paperbacks ; 08885)
  Einheitssacht.: How to make people like you in 90 soconds or less <dt.>
  ISBN 3-478-08885-2

Copyright © 2000 by Nicholas Boothman.
Published by arrangement with Workman Publishing Company, New York.

First published in the United States under the title: „How to make people like you in 90 seconds or less"

Aus dem Amerikanischen übersetzt von Britta Wisser.

Copyright © 2002 bei mvg im verlag moderne industrie AG & Co. KG, Landsberg – München

Alle Rechte, insbesondere das Recht der Vervielfältigung und Verbreitung sowie der Übersetzung, vorbehalten. Kein Teil des Werkes darf in irgendeiner Form (durch Fotokopie, Mikrofilm oder ein anderes Verfahren) ohne schriftliche Genehmigung des Verlages reproduziert oder unter Verwendung elektronischer Systeme gespeichert, verarbeitet, vervielfältigt oder verbreitet werden.

Umschlaggestaltung: Atelier Seidel, Altötting
Umschlagfoto: The Image Bank
Satz: Fotosatz Buck, Kumhausen
Druck- und Bindearbeiten: Ebner Ulm
Printed in Germany 08885/020201
ISBN 3-478-08885-2

Inhalt

Danksagung — 8
Vorwort — 9

Teil 1: Der erste Kontakt — 13

1. Die Macht unserer Mitmenschen — 15
Der Vorteil von zwischenmenschlichen
Beziehungen — 16
Von Angesicht zu Angesicht — 19
Warum Beliebtheit so gut funktioniert — 20
Warum 90 Sekunden? — 21

2. Der erste Eindruck — 25
Die erste Begegnung — 26
Eine Übung zur Begrüßung: Energie verströmen — 29
Eine Beziehung aufbauen — 30
Kommunizieren — 32
Was kommt als Nächstes? — 34

Teil 2: Das 90-Sekunden-Fenster für den ersten Kontakt — 37

3. „Dieser Typ hat was!" — 39
Die gleiche Wellenlänge — 40
Zufällige Kontakte — 42
Absichtlicher Kontakt — 43
Eine gemeinsame Basis — 43

4. Auf die richtige Grundeinstellung kommt es an — 47

Eine absolut *nützliche* Grundeinstellung — 47
Eine absolut *nutzlose* Grundeinstellung — 49
Es ist Ihre Entscheidung — 50
Eine Übung zur Grundeinstellung: Glückliche Erinnerungen hervorrufen — 53

5. Taten *sind* wirkungsvoller als Worte — 57
Körpersprache — 57
Flirten — 63
Kongruenz (Deckungsgleichheit) — 64
Unklare Botschaften — 65
Eine Übung zur Kongruenz: Worte vs. Tonfall — 67
Seien Sie Sie selbst! — 70

6. Menschen mögen Menschen, die ihnen ähnlich sind — 73
Natürliche Synchronität — 74
Die Kunst des Synchronisierens — 77
Der Bulle — 81
Verhalten Sie sich so, wie es Ihnen natürlich erscheint — 85
Eine Übung zum Synchronisieren: Synchron – asynchron – synchron — 88

Teil 3: Die Geheimnisse der Kommunikation — 93

7. Reden ist nicht alles – Zuhören können ist wichtig! — 95
Hören Sie auf zu reden, fangen Sie an zu fragen! — 96
Verpasste Hinweise — 105
Aktives Zuhören — 107
Geben und Nehmen — 109
Facettenreich reden — 110

Eine Stimmübung: Soundeffekte	112
Ein bleibender Eindruck	116

8. Alle Sinne sinnvoll nutzen — 119
  Visuell, auditiv oder kinästhetisch? — 121
  Ein Selbsttest: Was ist Ihr Lieblingssinn? — 123
  Sich an sensorische Vorlieben anpassen — 126
  Eine metaphorische Sprache — 127
  Sichtweisen und Hörweisen — 130

9. Sensorische Vorlieben erkennen — 133
  Profile der unterschiedlichen Sinnes-Typen — 134
  Kostenloser Unterricht im Fernsehen — 135
  Nachbohren — 138
  Verbale Anhaltspunkte — 140
  Visuelle Sprache — 142
  Auditive Sprache — 144
  Kinästhetische Sprache — 146
  Was Blicke sagen — 147
  Präferenzen erkennen – eine Übung: Das verschlossene Gehirn — 150
  Was die Augen verraten – eine Übung: Augen sagen alles — 152
  Ingrids wohlverdienter Urlaub — 153
  Das große Ganze — 155

10. Das Puzzle zusammensetzen — 159
  Wo soll ich anfangen? — 162
  Bestimmte Dinge einfach voraussetzen — 165
  Eine moderne Parabel — 167

Über den Autor — 169

Stichwortverzeichnis — 171

Danksagung

Ein Meisterstück der Synchronität! Meine liebe Freundin Kerry Nowensky, die befahl: „Schreib's auf! Sofort!" Mein Schutzengel Dorothea Helms, die sagte: „Es wird Zeit, dir einen guten Agenten zu suchen." Meine hervorragende Agentin, Sheree Bykofsky, die mich mit ihren Anregungen und ihrer Hilfe geradezu bombardiert hat. Der charismatische Verleger Peter Workman, der sich mit Haut und Haar auf ein Buch konzentriert und die besten Spezialisten um sich schart. Und wenn man dann irgendwann das Gefühl hat, alles gesehen und gehört zu haben, dann kommt die erstaunliche Sally Kovalchick mit ihrem Talent, ein Manuskript einzuatmen und ein fertiges Buch auszuatmen.

Ihnen allen meinen aufrichtigen Dank. Sie sind der lebende Beweis dafür, dass unsere Mitmenschen unsere größte Ressource sind.

Vorwort

Das „Rätsel" des Erfolgs ist nicht schwer zu lösen. Je besser man mit anderen zurechtkommt, desto höher die Lebensqualität.

Einen ersten Einblick in das Geheimnis, wie man mit seinen Mitmenschen besser zurechtkommt, bekam ich während meiner Arbeit als Mode- und Werbefotograf. Ob ich mit einem einzelnen Modell an einer Seite für die *Vogue* arbeitete oder mit 400 Leuten an Bord eines Schiffes, um ein norwegisches Kreuzfahrtschiff zu promoten: Mir wurde klar, dass es beim Fotografieren mehr auf den Draht zu den Menschen als auf den Umgang mit der Kamera ankam. Hinzu kam, dass es völlig egal war, ob das Shooting in der Lobby des Ritz Hotel in San Francisco oder vor einer baufälligen Hütte am Fuße eines Berges in Afrika stattfand. Wenn es darum geht, Beziehungen zu anderen Menschen zu knüpfen, gelten universelle Grundregeln.

Solange ich denken kann, bin ich mit anderen immer gut klargekommen. Sollte das eine Gabe sein? Gibt es so etwas wie ein angeborenes Talent im Umgang mit Menschen oder ist das etwas, was man lernen kann? Und wenn man es lernen kann, kann man es dann vielleicht auch unterrichten? Ich beschloss, das herauszufinden.

Ich wusste aus meinen 25 Jahren als Berufsfotograf für Zeitschriften in der ganzen Welt, dass Körperhaltung und Körpersprache entscheidend sind, um einen starken visuellen Eindruck zu erzeugen – Anzeigen in Zeitschriften haben weniger als zwei Sekunden, um die Aufmerksamkeit des Lesers zu erregen. Mir war auch klar, dass man Körpersprache und Tonfall so einsetzen kann, dass ein völlig fremder Mensch sich wohl fühlt und kooperiert. Die dritte Erkenntnis, die ich hatte, war die, dass einige sorgfältig gewählte Worte bei fast jedem einen bestimmten Gesichtsausdruck, eine Stimmung oder eine Bewegung hervorrufen konnten. Mit diesen drei Erfahrungen im Gepäck, beschloss ich, mir die ganze Sache einmal genauer anzusehen.

Warum versteht man sich mit einigen Menschen besser als mit anderen? Weshalb kann ich mich mit jemandem, den ich gerade erst kennen gelernt habe, angeregt unterhalten, während jemand anders diese Person möglicherweise als langweilig oder unangenehm bezeichnet? Offensichtlich passiert da etwas, das außerhalb unseres Bewusstseins liegt, aber was ist das?

An diesem Punkt meiner Entdeckungstour stieß ich auf die frühen Arbeiten von Dr. Richard Bandler und Dr. John Grinder von der Universität von Los Angeles zu einem Thema, das Neuro-Linguistische Programmierung, kurz NLP, heißt. Vieles von dem, was ich als Fotograf intuitiv bereits beherzigte, hatten diese beiden Männer dokumentiert und als die „Kunst und Wissenschaft der persönlichen Vollkommenheit" analysiert. Neben einer Fülle von neuen Erkenntnissen fanden sie heraus, dass jeder einen „Lieblingssinn" hat. Finden Sie diesen Sinn und Sie haben damit den Schlüssel zum Geist und zum Herzen einer Person.

Während der neue Pfad, auf dem ich wandeln wollte, immer deutlicher wurde, legte ich meine Kameras beiseite und konzentrierte mich darauf, herauszufinden, wie die Menschen im Innersten funktionieren und wie sie dabei nach außen hin aussehen. Während der darauf folgenden Jahre studierte ich bei Dr. Bandler in London und New York und erwarb die Lizenz als Master Practitioner für NLP. Ich erlernte die „Irresistible Language Patterns" („unwiderstehliche Sprachmuster") in den USA, in Kanada und Großbritannien und forschte nach allem, was mit dem Teil des menschlichen Gehirns zusammenhing, der für die Beziehung zu unseren Mitmenschen verantwortlich ist. Ich arbeitete mit Schauspielern, Komikern und Schauspiellehrern in Amerika und Geschichtenerzählern in Afrika, um Improvisationen in unsere Übungen zu integrieren, die unsere Kommunikationsfähigkeit verbessern sollten.

Seither veranstalte ich Seminare und Vortragsreihen auf der ganzen Welt, arbeite mit allen möglichen Gruppen und einzelnen Menschen, von Verkaufsteams bis zu Lehrern, von Vorstandsvorsitzenden, die glaubten, alles zu wissen, bis zu Kindern, die so schüchtern waren, dass man sie für zurückgeblieben hielt. Und eines wurde mir klar: Andere in weniger als 90 Sekunden dazu zu bringen, einen zu mögen, ist eine Fähigkeit, die man jedem ganz leicht beibringen kann.

Immer wieder wurde mir gesagt: „Nick, das ist unglaublich. Warum schreibst du das nicht auf?" Naja, ich habe zugehört und hier ist das Ergebnis.

Teil 1:

Der erste Kontakt

1

Die Macht unserer Mitmenschen

Eine gute Beziehung zu seinen Mitmenschen bringt endlos viele Vorteile.

Egal, ob man einen Job bekommen oder befördert werden möchte, einen Auftrag an Land ziehen will, einen neuen Partner betören möchte, ein Publikum fesseln oder die erste Vorstellung bei den zukünftigen Schwiegereltern überleben möchte: Wenn Sie beliebt sind, stehen Ihnen alle Türen offen und Sie brauchen nur noch hineinzuspazieren. Ihre Mitmenschen sind Ihre größte Ressource. Sie bringen Sie zur Welt; sie ernähren Sie, kleiden Sie ein, geben Ihnen Geld, bringen Sie zum Lachen und Weinen; sie trösten Sie, heilen Ihre Wunden, investieren Ihr Geld, reparieren Ihr Auto und tragen Sie zu Grabe. Wir können ohne sie nicht leben. Wir können nicht einmal ohne sie sterben.

Kontakte knüpfen – das taten schon unsere Vorfahren vor Tausenden von Jahren, wenn sie sich um das Feuer versammelten und leckere Mammut-Steaks aßen oder Tierfallen aufstellten. Kontakte knüpfen wir, wenn wir uns zum Häkelkreis treffen, an einem Golfturnier teilnehmen, eine Konferenz veranstalten oder einen Flohmarkt besuchen; Kontakte sind die Grundlage unserer kulturellen Rituale – vom Ernsten zum Frivolen, von der Hochzeit zur Beerdigung, vom Trabbi-Treffen bis zum Spaghetti-Wettessen.

Selbst der unsozialste Künstler oder Schriftsteller, der lange, qualvolle Monate in einem Atelier oder Tonstudio neben seinem Schlafzimmer hockt, hofft, dass er letztendlich durch sein Kunstwerk Kontakt zum Publikum aufnimmt. Und diese Verbindung liegt in den Säulen unserer zivilisierten Demokratie: Regierung, Religion und Fernsehen. Ja, Fernsehen. Angesichts der Tatsache, dass man über Ally McBeal oder Akte X mit Menschen auf der ganzen Welt von Berlin bis Brisbane diskutieren kann, muss man zugeben, dass der Flimmerkasten dazu beiträgt, Menschen aus der ganzen Welt miteinander in Kontakt zu bringen.

Tausende von Menschen nehmen Einfluss auf alle unsere Lebensbereiche, sei es der Wetterfrosch im Fernsehstudio in der Nachbarstadt oder der Techniker einer Telefongesellschaft auf dem anderen Ende des Kontinents oder die Frau in Tobago, die die Mangos für Ihren Obstsalat pflückt. Jeden Tag nehmen wir – wissentlich oder unwissentlich – mit Tausenden von Menschen in der ganzen Welt Kontakt auf.

Der Vorteil von zwischenmenschlichen Beziehungen

Unsere persönliche Entwicklung (und die Entwicklung ganzer Gesellschaften) sind das Ergebnis von Beziehungen zu unseren Mitmenschen, ob als Gruppe junger Krieger, die auf die Jagd gehen oder als Kollegengruppe, die am Freitag nach der Arbeit gemeinsam in der Pizzeria um die Ecke essen. Die Spezies Mensch strebt instinktiv danach, zusammenzukommen und Gruppen, Verbindungen oder Gemeinschaften zu bilden. Ohne diese können wir nicht existieren.

Beziehungen knüpfen und länger leben

Im Knüpfen von Beziehungen sind unsere kleinen grauen Zellen besonders gut. Sie bekommen Informationen von unseren Sinnesorganen und verarbeiten sie, indem sie Verknüpfungen herstellen. Das Gehirn erfreut sich an diesen Verknüpfungen und lernt aus ihnen. Es wächst und gedeiht, wenn es Verknüpfungen herstellt.

Menschen tun dasselbe. Es ist wissenschaftlich erwiesen, dass Menschen, die Beziehungen knüpfen, länger leben. In dem hervorragenden Buch *Keep Your Brain Alive* (in deutscher Sprache: Neurobics, Fit im Kopf) führen Lawrence Katz und Manning Rubin Studien der McArthur Foundation und des International Longevity Centers in New York an. Diese Studien zeigen, dass Menschen, die gesellschaftlich und körperlich aktiv bleiben, eine längere Lebenserwartung haben. Damit ist nicht gemeint, jedes Wochenende mit derselben Truppe eine Fahrradtour zu unternehmen, sondern hinauszugehen und neue Freundschaften zu schließen.

Wenn man in der Außenwelt neue Beziehungen knüpft, knüpft man auch in der inneren Welt neue Beziehungen – im Gehirn. So bleibt man jung und geistig fit. In seinem cleveren Buch *Connect* zitiert M. Hallowell die Alameda County Studie, die 1979 von Dr. Lisa Berkman von der Harvard School of Health Sciences durchgeführt wurde. Dr. Berkman und ihr Team beobachteten 7000 Menschen zwischen 35 und 65 über einen Zeitraum von neun Jahren. Ihre Studie zeigte, dass Menschen, denen soziale Kontakte fehlten fast drei Mal häufiger an Krankheiten starben als solche mit intensiven zwischenmenschlichen Beziehungen. Und all das ist unabhängig vom sozioökonomischen Status oder dem Lebenswandel (Rauchen, Alkoholgenuss, Übergewicht oder körperliche Aktvität)!

Beziehungen knüpfen und Unterstützung bekommen

Andere Menschen können Ihnen außerdem helfen, Ihre Wünsche und Bedürfnisse zu erfüllen. Was auch immer Sie im Leben anstreben – eine Liebesbeziehung, einen Traumjob, eine Eintrittskarte zum Finalspiel Ihrer Lieblingsmannschaft – die Wahrscheinlichkeit ist groß, dass Sie die Hilfe anderer benötigen, um Ihr Ziel zu erreichen. Wenn man Sie mag, ist man eher bereit, Zeit und Mühe für Sie zu investieren. Und je besser die Beziehung, die Sie zu diesen Menschen haben, desto mehr Unterstützung werden Sie erfahren.

Beziehungen knüpfen und sich sicher fühlen

Beziehungen sind gut für die Gemeinschaft. Schließlich ist eine Gemeinschaft eine Ansammlung von Beziehungen: gemeinsame Ideale, Erfolge, Werte, Interessen und geografische Gegebenheiten. Rom wurde nicht in einem Tag erbaut und Detroit auch nicht. Vor dreitausend Jahren schlossen sich Indo-Europäer im heutigen Rom zusammen, um zu jagen, zu überleben und gegenseitig auf sich aufzupassen. Vor dreihundert Jahren tauchte ein französischer Händler auf, der auf der Suche nach einem sicheren Ort für seinen Pelzhandel war; er begann Beziehungen zu knüpfen und schon bald war Detroit geboren.

Wir haben ein grundlegendes, körperliches Verlangen nach anderen Menschen; in einer Gemeinschaft profitiert man voneinander und deshalb passt man aufeinander auf. Eine gute Gemeinschaft bietet ihren Mitgliedern Kraft und Sicherheit. Wenn wir uns stark und sicher fühlen, können wir unsere Energie darauf verwenden, uns weiterzuentwickeln – gesellschaftlich, kulturell und geistig.

Beziehungen knüpfen und Liebe erfahren

Und schließlich profitieren wir auch emotional voneinander. Wir sind keine geschlossenen, sich selbst regulierenden Systeme, sondern offene Schleifen, die von dem emotionalen Feedback, das wir von anderen erhalten, reguliert, diszipliniert, ermutigt, gemaßregelt, unterstützt und bestätigt werden. Hin und wieder treffen wir auf jemanden, der unsere Gefühle und unseren Körperrhythmus auf so angeneh-

Von Angesicht zu Angesicht

Das Internet wurde als das Medium angesehen, das Menschen zu Gemeinschaften mit gleichen Interessen zusammenbringt. Und es stimmt: Ob Sie andere Teddybärsammler in Toledo oder Schlammcatcher in Minsk suchen, Sie werden sie im Web finden. Für Menschen, die durch Krankheit an das Haus gebunden sind, kann das Web ein Gottesgeschenk sein.

Aber wir müssen uns daran erinnern, dass das stundenlange Ausharren vor dem Bildschirm und das Surfen im Cyberspace nur ein unzulänglicher Ersatz gegenüber dem Spektrum an Erfahrungen ist, die eine persönliche Begegnung mit einem anderen Menschen bietet. Natürlich könnten Sie im Chatroom jemandem begegnen, der Sie in romantischer Weise fasziniert, aber würden Sie einer Heirat zustimmen, bevor Sie die Person nicht wenigstens einige Male getroffen haben?

Sie brauchen die persönliche Anwesenheit eines Menschen, um all die verbalen und nonverbalen Fingerzeige zu ordnen. Die Atmosphäre, die durch körperliche und mentale Anwesenheit geschaffen wird, ist wichtig für die oberflächliche Attraktivität, wenn nicht sogar für mehr. Zum Beispiel, welches persönliche Umfeld gestalten Sie beide sich? Wie spontan sind Sie? Wie steht es um Ihre Offenheit, Unterstützung und Kameradschaft?

Wenn Ihre emotionalen Bedürfnisse nicht übereinstimmen, beschreiten Sie womöglich einen falschen Weg. Solche Dinge können nur bei einem Treffen von Angesicht zu Angesicht ausgelotet werden. Nur dann können Sie feststellen, ob Sie wirklich zueinander passen.

me Weise beeinflusst, dass wir diesen Zustand Liebe nennen. Sei es durch die Körpersprache, durch Gesten, Gesichtsausdruck, Tonfall oder die Worte: Andere Menschen machen schwere Zeiten leichter erträglich und schöne Zeiten noch viel schöner.

Den emotionalen Input von anderen brauchen wir wie die Luft, die wir atmen und die Nahrung, die wir zu uns nehmen. Wenn man uns emotionalen und körperlichen Kontakt entzieht (eine Umarmung oder ein Lächeln kann viel bewirken), dann sind wir ebenso zum Tode verurteilt, als würde man uns die Nahrung entziehen. Das ist auch die Ursache für die vielen Geschichten von Kindern in Waisenheimen, die krank und schwach werden, obwohl sie angemessen ernährt und gekleidet werden. Autistische Menschen wünschen emotionalen und körperlichen Kontakt, verkümmern aber, weil sie keine sozialen Fähigkeiten haben. Und wie häufig haben wir schon von Ehepartnern gehört, die, obwohl körperlich gesund, wenige Monate oder sogar Wochen nach dem Tod ihres Ehepartners starben. Nahrung und ein Dach über dem Kopf sind nicht genug. Wir brauchen einander, und wir brauchen Liebe.

Warum Beliebtheit so gut funktioniert

Wenn Ihre Mitmenschen Sie mögen, fühlen sie sich entspannt und wohl in Ihrer Gegenwart. Sie werden Ihnen Aufmerksamkeit schenken und sich Ihnen mit Freude öffnen.

Beliebtheit hat zwar auch damit zu tun, wie man aussieht, aber noch viel mehr damit, wie sich die Menschen in Ihrer Gegenwart fühlen. Mein altes Kindermädchen, die mir beigebracht hat, meine Mitmenschen zu mögen, sprach oft von einem „sonnigen Gemüt". Sie nahm mich mit zur Promenade, wo wir die Leute herauspickten, die wahrscheinlich ein sonniges Gemüt hatten, und jene, die wie richtige Sauertöpfe herumliefen. Sie brachte mir bei, dass man sich aussuchen kann, was man sein will, und dann lachten wir über die Sauertöpfe, weil sie so ernst aussahen.

Beliebte Menschen geben laute und deutliche Signale ihrer Bereitschaft, Kontakte zu knüpfen; sie zeigen, dass ihre Kommunikationskanäle offen sind. Eingebettet in diese Signale zeigt sich Selbstbewusstsein, Aufrichtigkeit und Vertrauen. Liebenswürdige Menschen haben einen warmen, entspannten Gesichtsausdruck und eine Ausstrahlung, die besagt: „Ich bin bereit für neue Kontakte. Ich bin offen für neue Geschäfte." Sie sind herzlich und freundlich und sie erregen die Aufmerksamkeit anderer Menschen.

Warum 90 Sekunden?

„Zeit ist kostbar." „Zeit ist Geld." „Verschwende nicht meine Zeit." Zeit ist immer mehr zu einem knappen Gut geworden. Wir budgetieren unsere Zeit, lassen sie stillstehen, verlangsamen oder beschleunigen sie, verlieren den Sinn für sie und verschieben sie; wir kaufen sogar Sachen, um Zeit zu sparen. Aber Zeit ist eines der wenigen Dinge, das wir nicht sparen können, sie vergeht – für immer.

In früheren Zeiten war es normal, dass man einander respektvoll behandelte und Zeit investierte, um Nettigkeiten auszutauschen, jemanden besser kennen zu lernen und Gemeinsamkeiten zu entdecken. In der Hektik der heutigen Zeit eilen wir voran, denken nur noch an die Deadlines all unserer Projekte, sodass wir leider nicht die Zeit haben – oder sie uns nicht nehmen – um einander gut kennen zu lernen. Wir suchen nach Verbindungen, fällen Urteile, machen Annahmen und treffen Entscheidungen innerhalb weniger Sekunden und oftmals bevor auch nur ein einziges Wort gesprochen wurde. Freund oder Feind? Kampf oder Flucht? Chance oder Bedrohung? Vertraut oder fremd?

Instinktiv taxieren, entblößen und bewerten wir einander so gut es geht. Und wenn wir uns selbst nicht schnell und vorteilhaft darstellen können, laufen wir Gefahr, höflich oder unhöflich übergangen zu werden.

Der zweite Grund dafür, sich in weniger als 90 Sekunden bei anderen beliebt zu machen, hat etwas mit der Aufmerksamkeitsspanne des Menschen zu tun. Ob Sie es glauben oder nicht: die Aufmerksamkeitsspanne des Menschen beträgt lediglich 30 Sekunden! Jemand hat einmal den Versuch, sich auf etwas zu konzentrieren mit dem Bändigen einer Horde wilder Affen verglichen. Unsere Aufmerksamkeit hungert nach dem Neuen – sie muss unterhalten werden und liebt es, von Ast zu Ast zu hüpfen und neue Verbindungen einzugehen. Wenn es nichts Frisches, Aufregendes gibt, auf das man sich konzentrieren kann, wird die Aufmerksamkeit abgelenkt und wendet sich etwas Aufregenderem zu – einer neuen Deadline, einem Fußballspiel oder dem Weltfrieden.

Lesen Sie diesen Satz und dann lösen Sie Ihren Blick von diesem Buch und konzentrieren sich auf etwas, das sich nicht bewegt (ein tolles Gemälde zählt nicht). Halten Sie Ihre Augen 30 Sekunden lang auf dieses Objekt gerichtet. Wahrscheinlich werden Sie feststellen, dass Ihre Augen schon nach 10 Sekunden abschweifen, wenn nicht eher.

Bei der Kommunikation von Angesicht zu Angesicht genügt es nicht, die Aufmerksamkeit des Gegenübers auf sich zu lenken, sondern man muss es schaffen, sie lange genug auf sich ruhen zu lassen, um seine Botschaft oder Absicht loszuwerden. Man lenkt die Aufmerksamkeit mithilfe der Beliebtheit auf sich, aber dauerhaft kann man sie nur durch eine gute zwischenmenschliche Beziehung auf sich lenken. Letzten Endes läuft alles auf drei entscheidende Faktoren hinaus: 1. Ihr Auftreten, also wie Sie aussehen und sich bewegen; 2. Ihre Grundhaltung, also was Sie sagen, wie Sie es sagen und wie interessant Sie wirken und 3. wie sich andere in Ihrer Gegenwart fühlen.

Wenn Sie lernen, wie man schnell tiefe Beziehungen zu anderen aufbaut, werden Sie die Beziehung zu Ihren Kollegen aber auch Ihre privaten Beziehungen verbessern. Sie werden entdecken, wie schön es ist, auf jemanden mit Selbstvertrauen und dem nötigen Ernst zuzugehen. Allerdings sei hier ein Wort der Vorsicht angebracht: Es geht hier nicht darum, Ihre Persönlichkeit zu verändern. Es geht hier nicht um eine neue Form der Existenz oder einer neuen Lebensweise. Sie werden nicht zum Zauberkünstler, der durch die Straßen fegt und von allen zum Essen eingeladen wird – diese Fähigkeiten sollen nur eingesetzt werden, wenn Sie sie wirklich benötigen.

Wenn Sie in der Lage sind, innerhalb von 90 Sekunden zu einer anderen Person oder einer Gruppe eine Beziehung aufzubauen, egal ob es in einer sozialen Umgebung, in der Nachbarschaft, bei einem Kunden oder auch in einem vollen Gerichtssaal geschieht, dann ist das für viele beängstigend. Es hat mich schon immer gewundert, dass diese wichtigste aller Fähigkeiten zum Leben kaum oder gar nicht geübt wird. Sie sind auf dem besten Wege zu entdecken, dass Sie über viele dieser Fähigkeiten, die Sie brauchen, um mit anderen in Kontakt zu treten, bereits verfügen – es ist nur so, dass Sie sich dieser Fähigkeiten vorher nie bewusst waren.

2

Der erste Eindruck

Um dieses Buch besser lesbar zu machen, habe ich das Aufbauen von Beziehungen in drei Phasen unterteilt: erste Begegnung, eine Beziehung aufbauen und kommunizieren.

Diese drei Phasen sind kurz und überschneiden sich oder gehen ineinander über. Unser Ziel ist es, sie so natürlich, flüssig und einfach wie möglich zu gestalten und vor allem, sie angenehm und lohnenswert zu machen.

Natürlich beginnt man eine Beziehung damit, dass man sich begegnet. Manchmal lernt man jemanden zufällig kennen – z.B. die Frau im selben Zugabteil, die zufällig Ihre Leidenschaft für Humphrey-Bogart-Filme teilt. Und manchmal lernt man jemanden absichtlich kennen – z.B. der Mann, den Ihr Cousin Ihnen vorstellt und der Shakespeare, guten Wein und Bungeejumping liebt, genau wie Sie.

Wenn wir den Moment, in dem wir zum ersten Mal mit jemandem von Angesicht zu Angesicht in Kontakt treten, als erste Begegnung bezeichnen, dann beginnt unsere Kommunikation mit dieser Person in dem Moment, in dem wir uns dieser Person vollständig bewusst sind. Und zwischen diesen beiden Augenblicken – der ersten Begegnung und der ersten Kommunikation – liegt das 90-Sekunden-Terrain, in welchem man einen gemeinsamen Draht herstellen kann.

Die erste Begegnung

Wenn Sie in einer neuen Umgebung in den ersten drei oder vier Sekunden den richtigen Eindruck machen, vermitteln Sie den Eindruck von Ernsthaftigkeit, Sicherheit und Vertrauenswürdigkeit und schaffen sich und den anderen so die Möglichkeit, weiterzugehen und eine Beziehung zu knüpfen.

Die Begrüßung

Die ersten paar Sekunden einer Begegnung nennen wir „Begrüßung". Eine Begrüßung kann man in fünf Phasen unterteilen: Öffnen – Blickkontakt – Strahlen – Hi! – Hinwendung. Aus diesen fünf Schritten besteht ein Begrüßungsprogramm, das Sie abspulen können, sobald Sie jemandem zum ersten Mal begegnen.

Öffnen. Der erste Teil der Begrüßung besteht darin, seine Körperhaltung zu öffnen. Dazu ist es notwendig, zunächst einmal eine positive Grundeinstellung zu finden, die zu einem passt. Dies ist der Moment, in welchem Sie diese Grundeinstellung spüren und sich ihrer bewusst sein müssen.

Prüfen Sie noch einmal, ob Ihre Körpersprache wirklich offen ist. Wenn Sie die richtige Grundeinstellung haben, wird das automatisch so sein. Wenden Sie Ihr Herz direkt der Person zu, die Sie gerade kennen lernen. Bedecken Sie Ihr Herz nicht mit der Hand oder den Armen und, wenn möglich, öffnen Sie Ihren Mantel oder Ihr Sakko.

Blickkontakt. Der zweite Teil einer Begrüßung schließt die Augen mit ein. Suchen Sie den ersten Blickkontakt. Schauen Sie Ihrem Gegenüber direkt in die Augen. Ihre Augen sollten Ihre positive Grundeinstellung widerspiegeln. Um es noch einmal deutlich zu machen: Blickkontakt ist *echter* Kontakt!

> *Gewöhnen Sie sich an, dem Gegenüber wirklich in die Augen zu sehen. Wenn Sie fernsehen, achten Sie einmal auf die Augenfarbe von möglichst vielen Menschen und zählen Sie sie vor sich auf. Am nächsten Tag tun Sie dasselbe mit jeder Person, die Sie treffen und sehen Sie ihr oder ihm dabei direkt in die Augen.*

Strahlen. Dieser Teil steht in engem Zusammenhang mit dem Blickkontakt. Strahlen Sie! Fangen Sie als Erster an zu lächeln. Ihr Lächeln soll Ihre Grundeinstellung widerspiegeln.

Jetzt haben Sie durch Ihre Körpersprache, den Blickkontakt und Ihr strahlendes Lächeln die Aufmerksamkeit Ihres Gegenübers erregt. Was diese Person unbewusst wahrnimmt, ist nicht das Bild eines schief grinsenden Blödmanns (auch wenn Sie vorübergehend vielleicht fürchten, wie einer auszusehen), sondern das einer Person, die es wirklich ernst meint.

Hi! Ob Sie nun „Hi!", „Hallo!" oder „Guten Tag!" oder auch nur „Na?!" sagen, sagen Sie es in einem angenehmen Tonfall und nennen Sie dabei Ihren Namen („Hi! Ich bin Lena"). Wie beim Lächeln und dem Blickkontakt sollten Sie auch hier die bzw. der Erste sein, der sich vorstellt. Zu diesem Zeitpunkt, also innerhalb weniger Sekunden, können Sie bereits haufenweise Informationen über die Person, die Sie gerade kennen lernen, sammeln – Informationen, die Sie später im Gespräch noch gut gebrauchen können.

Übernehmen Sie die Führung! Strecken Sie der anderen Person die Hand entgegen und wenn es passt, finden Sie eine Möglichkeit, zwei oder drei Mal ihren oder seinen Namen zu sagen, damit er sich besser einprägt. Nicht „Linda, Linda,

Linda, schön Dich kennen zu lernen", sondern „Linda. Nett dich kennen zu lernen, Linda!" Wie Sie in Kapitel 7 sehen werden, kommt danach Ihr „Anlass/Örtlichkeit-Spruch".

Hinwendung. Der letzte Teil einer Begegnung ist das „Sich-Hinwenden". Dabei kann es sich um ein fast unsichtbares Nach-Vorne-Neigen handeln, das ganz unauffällig Ihr Interesse und Ihre Offenheit signalisiert, während Sie beginnen, die Person, die Sie gerade kennen gelernt haben, zu „synchronisieren".

Das Händeschütteln

Beim Händeschütteln gibt es den kräftigen, soliden Knochenbrecher und die feuchtwarme Nudel. Beide prägen sich ein – einmal geschüttelt, nie mehr geschüttelt, manchmal.

Beim Händeschütteln hat man gewisse Erwartungen. Der Handschlag sollte fest und respektvoll sein, so als würde man eine Glocke läuten, um den Zimmerservice zu rufen. Wenn Sie von dieser Erwartungshaltung abweichen, weiß Ihr Gegenüber nicht, was los ist. Man hat irgendwie das Gefühl, dass etwas nicht richtig ist – so als würde warmes Wasser aus dem Kaltwasserhahn kommen. Unser Gehirn hasst Verwirrung und wenn wir verwirrt werden, haben wir das Bedürfnis, uns zurückzuziehen.

Der „handlose" Handschlag ist ein Händeschütteln ohne Hände und ein wirkungsvolles Werkzeug. Machen Sie alles wie bei einem normalen Händeschütteln, allerdings ohne dabei die Hände zu gebrauchen. Richten Sie Ihr Herz auf Ihr Gegenüber und sagen Sie Hallo. Ihr Blick und Ihr Lächeln sollte leuchten. Verströmen Sie dieselbe Energie, die einen guten Handschlag begleiten würde.

Manchmal wirkt der „handlose" Handschlag Wunder bei Vorträgen, wenn man zu einer Gruppe oder einem Publikum eine Beziehung aufbauen möchte.

Eine Übung zur Begrüßung:
Energie verströmen

Dies ist eine der wirkungsvollsten Übungen, die ich in meinen Seminaren mache, und auch ohne persönliche Anleitung können Sie sie in ein zuverlässiges Werkzeug ummünzen!

Sie brauchen dazu einen Partner. Stellen Sie sich in einem Abstand von ca. zweieinhalb Meter gegenüber auf, ähnlich wie zwei Cowboys, die sich duellieren wollen. Während Sie „Hi!" sagen, klatschen Sie in die Hände, reiben die rechte Hand an der linken entlang in Richtung Ihres Partners. Sammeln Sie alle zur Verfügung stehende Energie in Ihrem Herz und dann werfen Sie diese Energie durch Ihre rechte Hand (die man ja auch beim Handschlag benutzt) direkt in das Herz Ihres Gegenübers. Das ist eine lange Erklärung für etwas, das nicht länger als zwei Sekunden dauert, aber wenn alle sechs Kanäle – Körper, Herz, Augen, Lächeln, Klatschen und Stimme/Atem – in einem schnellen Blitz auf die andere Person abgefeuert werden, ist das ein riesiger Energietransfer.

Gleich nachdem Ihr Partner Ihre Energie erhalten hat, sollte er sie genauso zurückfeuern. Feuern Sie mehrmals abwechselnd auf diese Weise Energieströme aufeinander ab. Achten Sie darauf, alle sechs Kanäle gleichzeitig zu aktivieren. Üben Sie ungefähr zwei Minuten lang.

Und jetzt geht der Spaß erst richtig los. Sie werden jetzt unterschiedliche Formen von Energie verschießen: Logik/Kopf-Energie, Kommunikation/Hals-Energie, Liebe/Herz-Energie, Macht/Solarplexus-Energie und sexuelle Energie. Sie haben bereits Liebe/Herz-Energie verfeuert. Jetzt machen Sie dasselbe von Kopf zu Kopf anstatt von Herz zu Herz. Feuern Sie weiter Kopf/Logik-Energie aufeinander ab, bis Sie beide sich einig sind, diese Form der Energie von der Liebe/Herz-Energie unterscheiden zu können. Nach drei Minuten Hin und Her probieren Sie die anderen Bereiche: Hals zu Hals, Solarplexus zu Solarplexus etc.

Es wird noch besser. Überlegen Sie, welche Art von Energie Sie versenden wollen, aber sagen Sie es nicht. Und jetzt begrüßen Sie Ihren Partner, schütteln Sie seine Hand und sagen „Hi!" und feuern Sie! Ihr Partner muss herausfinden, welche Art von Energie Sie verschicken. Wechseln Sie sich ab. Üben Sie so lange, bis Ihre Körpersprache kaum noch wahrnehmbar ist.

Als nächstes gehen Sie nach draußen und probieren Sie diese Technik bei Menschen aus, die Sie neu kennen lernen. Feuern Sie Ihre Energieströme ab, während Sie im Supermarkt „Hi!" zu jemandem sagen oder den Kellner in einem Restaurant begrüßen, Ihre Schwägerin treffen oder mit dem Techniker Ihres Fotokopierers kommunizieren. Sie alle werden feststellen, dass an Ihnen etwas Besonderes ist – der eine oder andere wird das „Charisma" nennen.

Eine Beziehung aufbauen

Eine Beziehung basiert auf einer gemeinsamen Grundlage, auf einem Territorium, auf dem sich zwei oder mehr Menschen wohl fühlen und mental verbinden können. Wenn Sie eine richtige Beziehung aufgebaut haben, bringt jeder etwas in die Beziehung *ein* – Zuneigung, Wärme, einen Sinn für Humor beispielsweise – und jeder bekommt etwas *zurück*: Mitgefühl, Sympathie, vielleicht ein paar tolle neue Witze. Eine gute Beziehung ist der Schmierstoff für reibungslose Kommunikation.

Die Belohnung, die Sie dafür bekommen, wenn Sie eine gute Beziehung aufgebaut haben, ist die positive Akzeptanz Ihres Gegenübers. Diese Reaktion wird sich nicht in vielen Worten zeigen, sondern nur unterschwellig signalisieren: „Ich habe dich zwar gerade erst kennen gelernt, aber ich mag dich, also vertraue ich dir und schenke dir meine Aufmerksamkeit." Manchmal stellen sich Beziehungen ganz von alleine ein, wie zufällig. Manchmal muss man auf jemanden zugehen. Machen Sie dabei einen Fehler, dann müssen Sie später um Aufmerksamkeit buhlen.

Wenn Sie neue Menschen treffen und begrüßen, hängt Ihre Fähigkeit, eine Beziehung aufzubauen von vier Faktoren ab: erstens von Ihrer Grundeinstellung, dann wie gut Sie bestimmte Verhaltensweisen wie Körpersprache und Tonfall „synchronisieren" können, drittens von Ihrer Fähigkeit, Konversation zu betreiben und schließlich wie gut Sie analysieren, auf welche Sinneswahrnehmung sich Ihr Gegenüber am stärksten verlässt. Wenn Sie diese vier Bereiche beherrschen, werden Sie in der Lage sein, schnell jederzeit eine Beziehung zu jeder beliebigen Person zu knüpfen.

Wenn Sie weiterlesen, werden Sie feststellen, dass es möglich ist, die Phase, bis man sich in Gegenwart eines Fremden wohl fühlt, zu verkürzen, indem man große Teile der üblichen Kennenlern-Rituale überspringt und gleich in das Stadium kommt, in dem sich Menschen, die sich schon länger kennen und mögen, befinden. Praktisch vom ersten Moment an, werden Sie miteinander auskommen, als würden Sie sich schon seit Jahren kennen. Viele meiner Studenten berichten, dass es, nachdem ihnen das Knüpfen von Beziehungen zur zweiten Natur geworden war, häufig vorkam, dass sie gefragt wurden: „Sind Sie sicher, dass wir uns nicht schon früher einmal begegnet sind?" Das Gefühl kenne ich. Mir passiert das ständig. Und es ist nicht nur so, dass mir die Leute diese Frage stellen, sondern ich selbst habe auch den Eindruck, dass ich die Hälfte der Leute, die ich kennen lerne, tatsächlich schon einmal getroffen habe – so ist das nun einmal, wenn man sich problemlos in die Persönlichkeit anderer Menschen hineinversetzen kann. Das ist ein tolles Gefühl.

Kommunizieren

Jeder scheint eine andere Vorstellung von dem Wort „Kommunikation" zu haben, aber die Definitionen lauten meistens etwa so: „Ein Austausch von Informationen zwischen zwei oder mehr Menschen." ... „Es geht darum, seine Botschaft 'rüberzubringen." ... „Es geht darum, verstanden zu werden."

In den Anfängen der Neuro-Linguistischen Programmierung (NLP), widmete sich eine Studie der „Untersuchung von herausragenden Leistungen und einem Modell über die Art und Weise, wie Menschen ihr subjektives sensorisches Erleben strukturieren". Richard Bandler und John Grinder formulierten eine gute Definition: „Die Bedeutung der Kommunikation liegt in der Resonanz, die sie erfährt." Das ist einfach und brillant, weil das bedeutet, dass es ganz und gar an Ihnen liegt, ob Sie mit Ihrer Kommunikation erfolgreich sind oder nicht. Denn schließlich sind *Sie* derjenige, der eine Botschaft übermitteln oder ein Ziel erreichen möchte und *Sie* sind dafür verantwortlich, ob Sie Ihr Ziel erreichen. Und was noch hinzukommt: Wenn sie nicht funktioniert, sind *Sie* derjenige, der die Möglichkeit hat, sein Verhalten so lange zu ändern, bis er bekommt, was er will. Um dem Thema Kommunikation an dieser Stelle eine gewisse Form zu verleihen, wollen wir davon ausgehen, dass wir eine bestimmte Reaktion oder ein bestimmtes Ergebnis im Sinn haben. Menschen, deren Kommunikationsfähigkeit weniger entwickelt ist, haben die Reaktion, die sie von anderen erwarten, zuvor nicht ausreichend durchdacht und können deshalb ihr Ziel auch nicht erreichen.

Die Fähigkeiten, die Sie hier lernen, werden Ihnen auf allen Ebenen der Kommunikation nützen, egal, ob Sie im gesellschaftlichen Rahmen neue Menschen kennen lernen möchten, im täglichen Leben besser verstanden werden möchten oder lebensverändernde Entscheidungen für sich selbst und Ihre Mitmenschen durchsetzen wollen.

Die Formel für effektive Kommunikation besteht aus drei Teilen:

Man muss wissen, was man will. Formulieren Sie Ihre Intention positiv und am besten in der Gegenwartsform. Beispielsweise: „Ich möchte eine erfolgreiche Beziehung, ich habe in meiner Fantasie ein ganz konkretes Bild davon, wie sie sich anhört, sich anfühlt, riecht und schmeckt, wenn ich diese Beziehung eingehe und ich werde wissen, wann ich eine solche Beziehung gefunden habe", als positive Aussage, im Gegensatz zu: „Ich möchte nicht allein sein."

Finden Sie heraus, was Sie bekommen. Suchen Sie sich Feedback. Sie werden feststellen, dass es nichts für Sie ist, in verqualmten Kneipen herumzusitzen, wo man sein eigenes Wort nicht versteht.

Ändern Sie Ihr Verhalten, bis Sie bekommen, was Sie wollen. Entwerfen Sie einen Plan und ziehen Sie ihn durch: „Ich werde jeden Samstagabend 10 Menschen zum Abendessen einladen." Tun Sie es und überprüfen Sie die Reaktion. Ändern Sie Ihren Plan, wenn nötig, tun Sie es noch einmal und überprüfen Sie die Reaktion. Wiederholen Sie diesen Kreislauf, bis Sie bekommen, was Sie wollen. Sie können diesen Regelkreis auf jeden Lebensbereich anwenden, den Sie verbessern möchten – Finanzen, Liebe, Sport, Beruf, was Sie wollen.

Definieren Sie, was Sie wollen.
Achten Sie darauf, was Sie bekommen.
Strukturieren und ändern Sie Ihr Verhalten, bis Sie bekommen, was Sie wollen.

Und jedes Mal, wenn Sie das Wörtchen DAS sehen, können Sie sich fragen, wie gut Sie mit der Verbesserung unserer Kommunikationsfähigkeiten voran kommen.

Was kommt als Nächstes?

In den folgenden Kapiteln werden wir das Spielfeld unserer Beziehungen genauer untersuchen und erläutern, welchen Wert die „wirklich nützliche Grundeinstellung" hat, um ein wirklich positives Selbstbild zu erzeugen. Sie werden lernen, was auf den ersten Blick an der Oberfläche und was unter der Oberfläche passiert und wie wichtig es ist, dass Körpersprache, Tonfall und Worte übereinstimmen und dasselbe aussagen. Keine missverständlichen Botschaften oder irreführenden Signale, keine Verwirrung. Sie werden feststellen, wie Ihre Körpersprache auf einige, aber nicht auf alle Menschen wirkt und wie Sie positiv beeinflussen können, was andere von Ihnen halten, indem Sie Ihre eigenen Bewegungen ein wenig anpassen.

Dann werden wir in die warme und beruhigende Welt des Synchronismus eintauchen. Sie werden lernen, wie Sie sich an die Signale, die andere Menschen senden, anpassen, sodass diese sich in Ihrer Gegenwart entspannt und wohl fühlen. Außerdem werden wir erklären, wie überaus wichtig unser Tonfall ist und wie er die Stimmungen und Gefühle beeinflusst, die wir ausdrücken wollen.

Ein ganzes Kapitel haben wir dem Thema gewidmet, wie man eine angeregte Unterhaltung beginnt und in Gang hält. Wir erforschen, wie man Zugang zu Menschen bekommt und es vermeidet, sie vor den Kopf zu stoßen. Außerdem behandeln wir das Thema Komplimente, die Frage, wie man problemlos Informationen erhält und wie dafür sorgt, dass man in Erinnerung bleibt.

Und schließlich werden wir noch tiefer in das Thema eindringen, nämlich bis zum Kern der menschlichen Psyche. Das Erstaunliche ist nämlich, dass wir, obwohl wir uns mit unseren fünf Sinnen durch die Welt navigieren, einen Sinn haben, auf den wir uns mehr verlassen als auf die anderen. Ich werde Ihnen zeigen, dass Menschen ständig Hinweise auf ihren Lieblingssinn signalisieren und wie man sich auf dieselbe Wellenlänge des Gegenübers begeben kann. Unterscheiden sich Menschen, die sich vor allem auf ihre Ohren verlassen, von jenen, die sich vor allem auf ihre Augen verlassen? Na, klar! Und Sie werden lernen, wie Sie Ihre Kommunikation entsprechend anpassen, um eine Beziehung zu diesen Menschen aufzubauen.

Jedes Kapitel enthält mindestens eine Übung, die Ihnen hilft, zu erkennen, wie wirkungsvoll das Knüpfen von Beziehungen ist. Einige dieser Übungen können Sie alleine machen, für andere brauchen Sie einen Partner. Denn über eines müssen wir uns klar sein: Zwischenmenschliche Kommunikation und die Fähigkeit, Beziehungen zu knüpfen, sind interaktive Tätigkeiten – Sie können diese nicht ganz für sich alleine erlernen.

Da haben wir's also. Kontakte knüpfen. Den lieben langen Tag geben uns Männer, Frauen und Kinder Hinweise darauf, wie sie ticken – wie sie die Welt erleben und filtern – und zwar durch ihre Körpersprache, ihren Tonfall, ihre Augenbewegungen und ihre Wortwahl. Dagegen kann man gar nichts tun. Jetzt ist es an Ihnen, zu lernen, wie man diesen wunderbaren, nicht endenden Strom von Informationen nutzt, um sein Ziel besser zu erreichen und zufrieden stellende Beziehungen zu knüpfen.

Teil 2:

Das 90-Sekunden-Fenster für den ersten Kontakt

3

„Dieser Typ hat was!"

Ob Sie versuchen, einen Auftrag an Land zu ziehen, sich mit Ihrem Traummann/Ihrer Traumfrau zu verabreden oder sich um einen Strafzettel herumzureden, Sie müssen mit anderen in Kontakt treten.

Manchmal geschieht es ganz automatisch, dass man einen Kontakt knüpft und man weiß gar nicht, wie einem geschieht. Die Aufgabe erledigt sich von selbst, das Gespräch fließt, der Polizist zerreißt den Strafzettel. Aber wie oft waren Sie schon in einer Situation, in der es Ihnen offenbar überhaupt nicht gelang, zu einem anderen Menschen einen guten Kontakt herzustellen, egal wie sehr Sie sich auch anstrengten? Und Sie hatten keine Ahnung, woran das lag. Denn schließlich sind Sie doch ein netter Mensch. Vielleicht sind Sie sogar ganz toll, ein total anziehendes menschliches Wesen. Aber egal was Sie sagen oder tun, sie kriegen einfach keinen Draht zu dieser Person.

Damit stehen Sie nicht alleine da. Es genügt nicht, einer von den Netten zu sein, um zu garantieren, dass Sie einen guten Draht zu anderen finden. Normalerweise bedeutet „ein guter Draht" eine harmonische oder einfühlsame Kommunikation. Bei unserer zwischenmenschlichen Kommunikation durchlaufen wir mehrere Routinen, wenn wir jemandem zum ersten Mal begegnen. Wenn diese Routineabläufe erfolgreich sind und wir einen Kontakt herstellen können, können wir anfangen, unsere Botschaften zu senden und eingermaßen sicher sein, dass wir akzeptiert werden und dass man uns ernst nimmt. Dass man uns ernst nimmt, ist ganz wichtig, weil das wichtigste Ergebnis eines guten ersten Kontakts ist, dass man glaubwürdig wirkt, was wiederum zu gegenseitigem Vertrauen führt. Wenn kein Vertrauen aufgebaut wird, steht der Botschafter und nicht die Botschaft im Mittelpunkt der Aufmerksamkeit und es wird sich immer ein gewisses Unwohlsein beimengen.

Aber wenn wir die Welt mit denselben Augen und denselben Gefühlen wie unser Gegenüber wahrnehmen, dann sind wir so miteinander verbunden – synchron –, dass wir einfach sicher sind, dass wir uns verstehen. Das bedeutet, wir müssen diesem Menschen so ähnlich sein, dass er uns vertraut und sich in unserer Gegenwart wohl fühlt, dass er sich unbewusst sagt: „Ich weiß nicht, was dieser Mensch an sich hat, aber er hat irgendetwas, das ich mag."

Untersuchungen belegen, dass wir ungefähr 90 Sekunden Zeit haben, um bei einer ersten Begegnung einen guten Eindruck zu machen. Was in diesen 90 Sekunden passiert, kann darüber entscheiden, ob wir erfolgreich einen Kontakt hergestellt haben, oder nicht. Genau genommen haben wir meistens sogar weniger als 90 Sekunden Zeit.

Die gleiche Wellenlänge

Anziehungskraft ist etwas Universelles. Man kann sie Magnetismus, Polarität, Elektrizität, Vernunft, Intelligenz oder Charisma nennen, immer bleibt es Anziehungskraft und die kommt überall vor – bei den Tieren, bei den Pflanzen und bei den Mineralien. Es ist ganz natürlich, synchronisierte Partnerschaften zu bilden und während sie für manche kaum der Rede wert sind, sind sie für andere ziemlich wichtig.

Unser Leben ist geprägt von emotionalen Kontakten und Signalen von unseren Eltern, unseren prägenden Sozialkontakten, unseren Lehrern und Freunden. Und diese Signale führen uns durch das Leben. Wir werden durch ihr emotionales Feedback, ihre Gesten und die Art und Weise, wie sie Dinge angehen, beeinflusst. Wenn Ihre Mutter oder Ihr Vater immer auf eine ganz bestimmte Weise auf einem Stuhl sitzt, dann sitzen Sie vielleicht auch so da; wenn ein toller Freund oder ein Kinostar einen bestimmten Gang hat, dann imitieren Sie diesen Gang vielleicht. Wir lernen, indem wir uns an die Signale anpassen, die andere uns senden. Die Verhaltensweisen unserer Mitmenschen prägen unser eigenes Verhalten.

Menschen mit gemeinsamen Interessen haben einen guten Draht zueinander. Der Grund dafür, dass Sie mit Ihren Freunden so gut zurechtkommen, ist der, dass Sie ähnliche Interessen, ähnliche Meinungen und vielleicht ähnliche Verhaltensweisen haben. Natürlich finden Sie jede Menge Bereiche, in denen Sie sich unterscheiden und über die Sie diskutieren können, aber im Grunde genommen ähneln Sie sich doch sehr.

Wir Menschen sind soziale Wesen. Wir leben in Gemeinschaften. Für Menschen ist es viel „normaler" und logisch, miteinander zurechtzukommen, als zu streiten und *nicht* miteinander zurechtzukommen. Das Dumme daran ist nur, dass uns die Gesellschaft darauf konditioniert hat, Angst voreinander zu haben, so dass wir uns von unseren Mitmenschen abgrenzen. Wir leben in einer Gesellschaft, die vorgibt, ihre Einigkeit durch Liebe zu finden, sie aber in Wirklichkeit durch Furcht findet. Die Medien ängstigen uns zu Tode mit ihren Schlagzeilen und Werbespots, die uns ständig etwas von Erdbeben und Flugzeugabstürzen berichten und uns fragen, ob wir gut genug versichert sind, ob wir zu dick oder zu dünn sind, ob der Rauchmelder funktioniert und was beispielsweise mit den hohen Beerdigungskosten ist. Natürliche Kontakte sind aber die oberste Voraussetzung für unsere Gesundheit, unsere Entwicklung und tatsächlich auch für unser Überleben.

Zufällige Kontakte

Vielleicht sind Sie schon einmal in ein Land gereist, in dem die Menschen nicht Ihre Sprache sprachen und Sie ihre nicht verstanden. Man fühlt sich ein bisschen unwohl, vielleicht ist man sogar ein wenig ängstlich, wenn man sich nicht verständlich machen kann. Und dann plötzlich trifft man einen Landsmann, vielleicht sogar aus demselben Bundesland. Diese Person spricht Ihre Sprache und schwupp, haben Sie einen neuen besten Freund – zumindest für die Dauer des Urlaubs. Vielleicht reden Sie über gemeinsame Erfahrungen, Meinungen, Ansichten oder darüber, wo man die besten Restaurants findet und die billigsten Schnäppchen bekommt. Sicherlich werden Sie auch Informationen über die Familie und das Arbeitsleben austauschen. All das und noch viel mehr, nur, weil Sie die gleiche Sprache sprechen. So etwas bezeichnen wir als zufälligen Kontakt. Vielleicht führt Ihre Begeisterung dazu, dass Sie diese Beziehung auch dann noch aufrechterhalten, wenn Sie wieder zu Hause sind, nur um dann festzustellen, dass Sie außer der Sprache und dem Wohnort nichts gemeinsam haben und Ihre Beziehung verläuft von selbst im Sande.

Natürlich beschränkt sich das nicht nur auf die Sprache und den Wohnort. Zufällige Begegnungen finden fast täglich statt – am Arbeitsplatz, im Supermarkt, im Waschcenter oder an der Bushaltestelle.

Der Schlüssel zum erfolgreichen Kontakt zu Fremden liegt darin, wie man möglichst so wird wie sie. Zum Glück ist das ganz einfach und macht außerdem noch Spaß. So können Sie jede neue Begegnung wie ein Rätsel, ein Spiel, einen Spaß angehen.

Absichtlicher Kontakt

Wenn die Interessen oder das Verhalten von zwei oder mehr Menschen sich ähneln, sagt man, diese Menschen haben einen Draht zueinander. Wie wir jetzt wissen, kann solch eine Beziehung dadurch entstehen, dass man gemeinsame Interessen hat oder dass man sich gemeinsam in einer bestimmten Situation befindet. Aber wenn keine dieser Voraussetzungen gegeben ist, kann man trotzdem eine Beziehung aufbauen, nämlich einen „beabsichtigten Kontakt" – und darum geht es in diesem Buch.

Eine gemeinsame Basis

Mark nimmt an einem formellen Essen teil und sitzt mit acht Personen an einem Tisch. Er hasst solche Veranstaltungen und meistens fallen ihm nicht die richtigen Worte ein. Langsam bekommt er schon wieder dieses beklemmende Gefühl. Außer seinem Buchhalter, der am anderen Ende des Saales sitzt und alle zum Lachen bringt, kennt er hier niemanden. Plötzlich erzählt eine junge Frau im glänzenden, blauen Kleid, die ihm gegenüber sitzt und die schon seine Aufmerksamkeit erregt hatte, obwohl sie noch nicht miteinander gesprochen hatten, ihrem Nachbarn, dass sie eine leidenschaftliche Briefmarkensammlerin sei. Genau wie Mark!

Mark ist erleichtert und überglücklich, weil der Zufall ihm eine Rechtfertigung dafür geliefert hat, sie anzusprechen. Sie haben etwas gemeinsam – Briefmarken. Mark spricht sie an und erzählt Tanja von seiner seltenen Briefmarke mit einer Fehlfarbe aus dem Jahre 1948, die er fand, als sein alter Ford in einem kleinen Örtchen seinen Geist aufgab. Beide Ellen-

> bogen auf den Tisch gestützt, ein Finger neben das Ohr an die Wange gelegt, lehnt sich Tanja zu Mark; ihre Pupillen sind leicht geweitet und ihre Schultern entspannen sich langsam. Auch Mark lehnt sich nach vorne auf die Ellenbogen, lächelt, wenn Tanja lächelt, nickt, wenn sie nickt. Sie nippt an ihrem Wasser, er ertappt sich dabei, wie er dasselbe tut ...
>
> *Mark und Tanja haben eine Beziehung aufgebaut. Sie haben Kontakt geknüpft und über ein gemeinsames Interesse einen Draht gefunden. Dieser gemeinsame Draht ist in vielen Bereichen erkennbar – die Signale und Rhythmen, die sie sich gegenseitig übermitteln und die kaum wahrnehmbare Verhaltensänderung, die sie unbewusst an den Tag legen. Ihr gemeinsames Interesse hat eine Nähe geschaffen und sie passen sich aneinander an. Wer weiß, wohin das führen wird? Sie mögen sich, weil sie sich ähnlich sind und der langsame Tanz der Beziehung findet allmählich seinen eigenen Rhythmus. Sie haben in weniger als 90 Sekunden einen guten Draht zueinander gefunden.*

Wenn wir absichtlich einen Kontakt knüpfen wollen, reduzieren wir bewusst den Abstand und die Unterschiede zwischen dem Gegenüber und uns selbst, indem wir nach einer gemeinsamen Basis suchen. Ist diese erst gefunden, fühlen wir uns auf ganz natürliche Weise mit der anderen Person oder den anderen Personen verbunden, weil wir uns ähnlich sind – weil wir uns angeglichen haben.

Während sich die Beziehung von Mark und Tanja aus unserem Beispiel weiterentwickelt, passiert viel mehr als man mit dem bloßen Auge wahrnehmen kann. Ein normaler Beobachter würde es wahrscheinlich nicht bemerken, aber ein geschultes Auge und Ohr registriert, dass da eine Menge vor sich geht. Als sie ihr gemeinsames Interesse für Briefmarken entdecken wird auch eine Ähnlichkeit in ihrem Verhalten zueinander sichtbar. Körpersprache, Gesichtsausdruck, Tonfall, Blickkontakt, Atemfrequenz, Körperrhythmus und viele andere Körperaktivitäten gleichen sich an. Einfach gesagt: Unbewusst verhalten sich die beiden immer ähnlicher. Sie beginnen, ihr Verhalten zu synchronisieren.

Ein beabsichtigter Kontakt wird hergestellt, indem wir absichtlich unser Verhalten ändern, nur für eine kurze Zeit, um einer anderen Person *ähnlich* zu werden. Man wird zum Anpasser, und zwar genau so lange, bis man einen Kontakt hergestellt hat. In welchem Bereich Sie sich anpassen können und wie genau man das macht, darum geht es in den nächsten Kapiteln.

Alles, was Sie dazu brauchen, ist Ihre Grundeinstellung, Ihr Erscheinungsbild, Ihre Körpersprache und Ihr Gesichtsausdruck, Ihr Tonfall, der Rhythmus Ihrer Worte, Ihre Fähigkeit, Worte so zu strukturieren, dass Sie ein Gespräch beginnen können und schließlich, Ihre Fähigkeit, den Lieblingssinn Ihres Gegenübers aufzuspüren. Wenn Sie jetzt noch gut zuhören und beobachten können und eine gute Portion Neugier mitbringen, dann haben Sie alles, was Sie benötigen. Sie brauchen keine Apparate, kein Werkzeug, keine Aphrodisiaka, keine Pillen, kein Scheckbuch und keinen Zauberstab. Nur all die wundervollen Gaben, die Ihnen angeboren sind – und Ihr innigster Wunsch nach Gesellschaft.

4

Auf die richtige Grundeinstellung kommt es an

Geist und Körper sind Teile desselben Systems.

Sie beeinflussen sich gegenseitig. Wenn Sie glücklich sind, sehen Sie glücklich aus, klingen glücklich und benutzen positive Wörter. Versuchen Sie einmal, traurig zu sein und gleichzeitig einen Luftsprung zu machen und in die Hände zu klatschen. Oder versuchen Sie einmal glücklich zu sein und gleichzeitig im Stuhl zusammenzusinken und den Kopf hängen zu lassen. Ihre Grundeinstellung bestimmt Ihr Denken und Ihr Denken bestimmt die Körpersprache.

Die Grundeinstellung bestimmt die Stimmung Ihrer Gedanken, Ihren Tonfall und die gesprochenen Worte. Aber vor allem beeinflusst sie Ihren Gesichtsausdruck und Ihre Körpersprache. Die Grundeinstellung ist wie ein Tablett, auf dem wir uns anderen präsentieren. Wenn sich Ihr Geist erst auf eine bestimmte Grundeinstellung eingestellt hat, haben Sie wenig bewussten Einfluss über die Signale, die Ihr Körper sendet. Ihr Körper hat seinen eigenen Willen und spielt die Verhaltensmuster ab, die zu Ihrer aktuellen Grundeinstellung passen.

Eine absolut *nützliche* Grundeinstellung

Egal, was Sie tun oder wo Sie leben, Ihre Grundeinstellung bestimmt die Art Ihrer Beziehungen – ganz abgesehen von fast allen anderen Lebensbereichen.

Seit acht Jahren bin ich Kunde einer bestimmten Bankfiliale. Hin und wieder schickt mir jemand, von dem ich noch nie gehört habe, einen Brief (wobei mein Name meistens falsch geschrieben ist), um mir mitzuteilen, welch eine Freude es ist, mich als besonderen Kunden zu haben. Egal wie sehr man sich dort bemüht, seinen „personalisierten" Service zu verbessern, Banken sind überall gleich und meine Bank ist auch nicht anders als all die anderen. Also warum gehe ich noch immer dorthin, obwohl zwei Konkurrenzbanken gleich um die Ecke eröffnet haben? Bequemlichkeit? Offensichtlich nicht. Niedrigere Gebühren? Nö. Besserer Service? Nein. Keiner dieser Gründe trifft zu. Es ist Frau Johann, eine der Kassiererinnen. Was bietet Frau Johann, was das Unternehmen nicht bieten kann? Sie gibt mir ein gutes Gefühl. Ich glaube, ich bedeute ihr etwas und andere Kunden haben denselben Eindruck. Man erkennt es an der Art und Weise, wie sie mit einem redet. Diese charmante junge Dame lässt den ganzen Laden leuchten.

Wie macht Frau Johann das? Ganz einfach. Sie weiß, was sie will: den Kunden gefallen und ihren Job gut machen. Sie hat eine *absolut nützliche Grundeinstellung* oder, um genauer zu sein, zwei völlig deckungsgleiche *nützliche Grundeinstellungen*. Sie ist sowohl fröhlich als auch interessiert und jeder profitiert davon: ich, der Kunde, ihre Kollegen, ihr Unternehmen, zweifellos ihre Familie und vor allem sie selbst. Was Frau Johann mit ihrer *absolut nützlichen Grundeinstellung* aussendet, kehrt tausendfach zu ihr zurück und wird so zur beglückenden selbsterfüllenden Prophezeiung. Und das Ganze kostet keinen einzigen Cent.

Eine absolut *nutzlose* Grundeinstellung

Zwei Menschen können zwei völlig verschiedene Grundeinstellungen zu ein und derselben Erfahrung haben. Wenn aber zwei Menschen auf dieselbe Erfahrung mit derselben Grundeinstellung reagieren, dann verbindet sie ein starkes, natürliches Band. Grundeinstellungen sind ansteckend und weil sie auf der emotionalen Interpretation von Erfahrungen basieren, können sie negativ verzerrt oder positiv beeinflusst werden.

Was passiert, wenn jemand die Kontrolle verliert und wütend wird? Er sieht aggressiv aus (Körpersprache), sein Tonfall ist hart und er benutzt Drohworte. Manchmal sind solche Menschen geradezu Furcht einflößend. Wenn man möchte, dass jemand einen mag oder wenn man bei seinem Gegenüber die Bereitschaft zur Kooperation schaffen will, dann ist das eine *absolut nutzlose Grundeinstellung*. Wie oft sieht man wütende Eltern, die ihre Kinder im Supermarkt ausschimpfen, weil diese einen Stapel Dosen umgerissen haben? Oder gelangweilte Verkäufer? Oder unsensible, ungeduldige Ärzte? Sie alle zeigen eine völlig nutzlose Grundeinstellung. Ich will damit gar nicht sagen, ob das richtig oder falsch ist; ich sage nur, dass die eigentliche Botschaft vom kommunikationstheoretischen Standpunkt aus nicht besonders gut rüberkommt. Vorausgesetzt, diese Menschen haben überhaupt eine Botschaft. Und das ist häufig der Punkt. Nutzlose Grundeinstellungen findet man häufig bei Menschen vor, die nicht wissen, was sie mit ihrer Kommunikation erreichen wollen.

> *Denken Sie an das „D" in „DAS", welches für „Definieren Sie, was Sie wollen" steht. Wenn Sie nicht wissen, was Sie wollen, gibt es keine Botschaft zu vermitteln und keine Basis für eine Verbindung zu anderen.*

Die meisten Menschen denken nur darüber nach, was sie *nicht* wollen anstatt darüber, was sie wollen, und ihre Grundeinstellung spiegelt das wider. „Ich möchte nicht, dass mein Chef mich wieder anschreit", rührt von einer ganz anderen Grundeinstellung her als: „Ich möchte den Job meines Chefs" oder: „Ich möchte befördert werden". Ähnlich sendet die Aussage: „Ich habe keine Lust mehr, Halstücher zu verkaufen", eine andere Botschaft an Ihre Fantasie als: „Ich möchte Segelyachten im Mittelmeer verchartern".

Ihre Fantasie ist die stärkste Kraft, die Sie besitzen – stärker als der Wille. Denken Sie einmal darüber nach. Ihre Fantasie projiziert durch eine Bildersprache, Geräusche, Gefühle, Gerüche und Geschmack sinnliche Erlebnisse in Ihren Kopf. Ihre Fantasie verändert die Realität. Sie kann für oder gegen Sie arbeiten. Sie kann dafür sorgen, dass Sie sich hervorragend oder scheußlich fühlen. Also je besser die Informationen, mit denen Sie Ihre Fantasie füttern, desto besser kann sie Ihr Denken und Ihre Grundeinstellung und damit letztendlich auch Ihr Leben prägen.

Es ist Ihre Entscheidung

Die gute Nachricht ist, dass Sie selbst bestimmen, welche Grundeinstellung Sie haben. Und wenn Sie frei diejenige auswählen können, die Ihnen gefällt, warum entscheiden Sie sich nicht einfach für eine *absolut nützliche Grundeinstellung*?

Stellen wir uns einmal vor, Sie wären gerade auf dem Frankfurter Flughafen angekommen und haben den Weiterflug nach Paris verpasst. Sie müssen um jeden Preis unbedingt einen Platz in der nächsten Maschine nach Paris bekommen. Also gehen Sie zum Tresen der Fluggesellschaft und schnauzen die Mitarbeiterin an. Das ist eine *absolut nutzlose Grundeinstellung.* Wenn Sie von der Dame so viel Hilfe wie möglich bekommen möchten, dann sollten Sie sich eine möglichst *nützliche Grundeinstellung* zulegen, mit deren Hilfe Sie eine Beziehung zu Ihrem Gegenüber aufbauen können und sie zur Kooperation motivieren.

Wahrscheinlich sollte ich das nicht sagen, aber ich habe mich schon aus Dutzenden von Strafzetteln herausgeredet (ein paar Mal habe ich auch versagt), und zwar nicht nur wegen falschen Parkens. Ich bin absolut davon überzeugt, wenn ich damit anfangen würde, dem Polizisten zu erklären, dass sein Gerät kaputt ist oder wenn ich die Geduld verliere und wütend werde und ihm erzähle, dass ich der Cousin des Bürgermeisters bin und nie wieder in diese Stadt kommen werde, dann wäre ich von Anfang an zum Scheitern verurteilt. Wenn ich möchte, dass mich der Beamte mag, dass er Verständnis für mich hat und mir keinen Strafzettel verpasst, dann brauche ich eine nützliche Grundeinstellung, beispielsweise indem ich „Entschuldigung" sage oder „Geschieht mir ganz recht" oder „Mann, was bin ich doch für ein Idiot" oder „Oh, toll, danke!"

Als ich das letzte Mal angehalten wurde, hatte mich der Polizist bis auf den Parkplatz eines Supermarktes verfolgt und stellte sich quer hinter mein Auto. Ich stieg aus und ging zu seinem Auto. Aus seinem Aussehen (Bart und kräftige Statur) schloss ich, dass er ein gefühlsbetonter Mensch war (darüber werden Sie später noch mehr lernen), also war das Erste was ich sagte: „Ich geb mich geschlagen." Denn es war ganz klar, dass ich im Unrecht war. Er hielt mir den verdienten Vortrag darüber, was ich falsch gemacht hatte und ließ mich mit einer Verwarnung gehen. Das Entscheidende ist, dass ich mit meiner Grundeinstellung den Tonfall der Begegnung prägte – weil ich wusste, was ich wollte.

4 Auf die richtige Grundeinstellung kommt es an

In Situationen von Angesicht zu Angesicht eilt die Grundeinstellung uns voraus. Sie ist die zentrale Antriebskraft in unserem Leben – sie bestimmt, was wir wie tun.

Man braucht nicht viel Fantasie, um sich ein paar *absolut nutzlose Grundeinstellungen* vorzustellen – Wut, Ungeduld, Selbstgefälligkeit, Langeweile, Zynismus – warum also soll man sich nicht ein bisschen Zeit nehmen und eine *absolut nützliche Grundeinstellung* annehmen. Wenn man jemandem zum ersten Mal begegnet, kann man neugierig, begeistert, interessiert, hilfsbereit oder mitfühlend sein. Oder, was ich am liebsten mag, man kann warmherzig sein. Ein warmherziger menschlicher Kontakt kann eine berauschende Wirkung haben; Wissenschaftler haben tatsächlich herausgefunden, dass dabei Opiate im Gehirn freigesetzt werden. Wäre das nicht eine tolle *absolut nützliche Grundeinstellung*? Unnötig zu sagen, dass all diese Ansätze wesentlich nützlicher sind, als Rache und Respektlosigkeit.

Absolut nützliche Grundeinstellung	**Absolut nutzlose Grundeinstellung**
Warmherzig	Wütend
Begeistert	Sarkastisch
Zuversichtlich	Ungeduldig
Entspannt	Respektlos
Verbindlich	Herablassend
Neugierig	Pessimistisch
Einfallsreich	Nervös
Angenehm	Herzlos
Hilfreich	Skeptisch
Mitfühlend	Rachsüchtig

Ruhig	Furchtsam
Geduldig	Egoistisch
Herzlich	Spöttisch
Fröhlich	Peinlich
Interessiert	Pflichtschuldig

Fragen Sie sich: „Was will ich jetzt, in diesem Augenblick? Und welche Grundeinstellung hilft mir da am besten?" Denken Sie daran, dass es nur zwei Arten von Grundeinstellungen gibt, zwischen denen Sie sich entscheiden müssen: nützliche und nutzlose.

> **Eine Übung zur Grundeinstellung:**
> **Glückliche Erinnerungen hervorrufen**
>
> Kennen Sie das, wenn bestimmte Geräusche einen an einen ganz besonderen Augenblick im Leben erinnern? Als ich acht war, nahm mich meine Mutter mit zu einem Vergnügungspark, wo ich neben einem Mann stand, der frische Donuts zubereitete, während Paul Anka im Hintergrund „Diana" sang. Wann immer ich jetzt dieses Lied höre, rieche ich den Duft frischer Donuts und denke an diesen wundervollen Ferientag. Es ist das Lied, das diese Erinnerung hervorruft. Ein Auslöser kann ein Geräusch oder ein visueller Eindruck sein. Es kann auch ein Gefühl oder eine Tätigkeit sein. Und ob Sie es glauben oder nicht, es kann sogar eine geballte Faust sein.
>
> Folgen Sie den unten beschriebenen Schritten und Sie werden sehen, was ich meine. Ballen Sie die Hand, mit der Sie schreiben, fest zur Faust. Dann entspannen Sie sich. Wiederholen Sie diese Tätigkeit mehrmals. Das wird Ihr Auslöser sein.
>
> **1. Nehmen Sie eine absolut nützliche Grundeinstellung an** – eine, die nützlich ist, wenn Sie jemandem zum ersten Mal begegnen. Sie kann neugierig, einfallsreich, warmher

zig oder geduldig sein, Hauptsache, sie passt zu Ihnen. Es muss aber eine Grundeinstellung sein, die Sie in einer bestimmten Situation schon einmal gehabt haben und die Sie jederzeit abrufen können.
2. **Suchen Sie sich einen angenehmen Ort,** ruhig und nicht zu hell, wo Sie für 10 Minuten ungestört sind. Setzen Sie sich, stellen Sie beide Füße auf den Boden und atmen Sie langsam in den Bauch (nicht in den Brustkorb) und entspannen Sie sich.
3. **Jetzt sind Sie bereit.** Schließen Sie die Augen und stellen Sie sich den Zeitpunkt in Ihrem Leben vor, zu dem Sie die von Ihnen gewählte Grundeinstellung gehabt haben. Lassen Sie diesen speziellen Moment vor Ihrem geistigen Auge erscheinen. Malen Sie das Bild so detailliert wie möglich. Was war im Vordergrund, was im Hintergrund? Ist das Bild scharf oder verschwommen, schwarz-weiß oder farbig? Ist es klein oder groß? Lassen Sie sich Zeit und gestalten Sie das Bild so real wie möglich. Nehmen Sie in sich auf, was Sie sehen.
4. **Als Nächstes rufen Sie sich die Geräusche in Erinnerung, die zu diesem Bild gehören.** Achten Sie darauf, woher die Geräusche kommen: von links oder rechts, von vorne oder von hinten? Wie laut oder leise sind sie? Welche Art von Geräuschen sind das? Musik? Stimmen? Lauschen Sie den Tönen, der Lautstärke und dem Rhythmus. Hören Sie genau zu und die Geräusche werden wieder in Ihnen wach werden. Achten Sie genau auf jedes einzelne Geräusch und versuchen Sie herauszufinden, wie es zu der gewählten Grundeinstellung beigetragen hat.
5. **Erinnern Sie sich an die Sinneswahrnehmungen, die mit dem Ereignis verbunden waren:** wie sich die Dinge um sie herum anfühlten, die Temperatur, Ihre Kleidung, Ihr Haar, haben Sie gestanden oder gesessen? Als Nächstes achten Sie auf Ihre Gefühle. Wo beginnen sie? Vielleicht kreisen sie um Ihren Körper. Richten Sie Ihre Konzentration ganz intensiv auf diese wunderbaren Gefühle und genießen Sie sie. Lassen Sie sich von ihnen treiben. Achten Sie auf

Gerüche und Geschmacksrichtungen, die dazugehören und nehmen Sie auch diese möglichst intensiv wahr.
6. **Mit geschlossenen Augen** schauen Sie sich mit Ihren „inneren" Augen die Szenerie noch einmal an. Stellen Sie das Bild schärfer, heller, größer und kräftiger. Stellen Sie die Geräusche lauter, klarer, reiner und besser ein. Auch die Gefühle sollten noch stärker, reicher, tiefer und wärmer werden. Folgen Sie der Intensität der Gefühle, wenn sie von einem Ort zum anderen wandern, dann lassen Sie sie wieder an den Ausgangspunkt zurückspringen und verstärken Sie sie noch. Durchlaufen Sie diesen Kreislauf mehrmals und lassen Sie die Gefühle dabei immer intensiver werden. Lassen Sie sich von den Gefühlen überschwemmen.
7. **Stellen Sie alles doppelt so groß und intensiv und makellos dar.** Und dann machen Sie es noch einmal doppelt so groß und dann noch einmal. Jetzt schwelgt Ihr Körper und Ihr Geist in dieser Erfahrung. Sehen, hören und fühlen Sie es! Die Wahrnehmung muss so stark wie möglich sein, und wenn Sie denken, dass es jetzt nicht mehr stärker geht, verdoppeln Sie das Gefühl noch einmal und dann ballen Sie Ihre Faust ganz schnell ganz fest, um so den Höhepunkt Ihres Erlebnisses mit dem Auslöser zu verbinden. Fühlen Sie, wie die Gefühle Sie durchströmen. Intensivieren Sie sie noch einmal und dann ballen Sie noch einmal die Faust und entspannen Sie sie wieder. Fühlen Sie wieder, wie die Wahrnehmung durch den Körper fließt. Machen Sie diese Übung noch einmal und dann entspannen Sie Ihre Hand und den restlichen Körper. Nehmen Sie sich so viel Zeit, wie Sie brauchen, um wieder zu sich zu kommen und sich zu entspannen.

Warten Sie ungefähr eine Minute, und dann probieren Sie Ihren neuen Auslöser aus. Ballen Sie eine Faust und achten Sie darauf, wie die Gefühle all Ihre Sinne überschwemmen. Probieren Sie es nach einigen weiteren Minuten noch einmal aus. Jetzt sind Sie bereit, diese *absolut nützliche Grundeinstellung* immer dann einzusetzen, wenn Sie möchten.

Wie oft haben Sie schon erlebt, dass jemand im Fernsehen ein Interview gibt und total frustriert ist? Oder einen Verkäufer, der Sie bedient und dem man ganz deutlich anmerkt, dass er viel lieber ganz woanders wäre? Oder einen Kollegen, der genau der Person sarkastisch gegenüber auftritt, die seine Fotokopien auf Wunsch schneller fertigstellen könnte? Oder einen Fahrgast, der den Busfahrer anpöbelt, obwohl dieser der Einzige ist, der den Fahrgast rechtzeitig zur Kirche bringen kann? All dies sind *absolut nutzlose Grundeinstellungen.* Was die Kommunikation angeht, so müssen diese Menschen zwangsläufig scheitern.

Eine *absolut nützliche Grundeinstellung* ist eigentlich das beste Medium, um den Beliebtheitsfaktor zu steigern – und sie funktioniert wie natürlicher Charme. Ihre Körperhaltung, Ihre Bewegungen und Ihr Gesichtsausdruck spricht Bände über Sie, bevor Sie auch nur den Mund aufgemacht haben.

Je eher Sie wissen, was Sie wollen und welches die günstigste Grundeinstellung ist, um dieses Ziel zu erreichen, desto eher ändern Sie Ihre Körpersprache, Ihre Stimme und Ihre Worte, sodass Sie Ihr Ziel leichter erreichen.

Die Schlussfolgerung ist klar: Menschen, die wissen, was sie wollen, bekommen das meistens auch, weil sie zielstrebig und positiv denken, und das spiegelt sich sowohl in ihrer inneren als auch äußeren Haltung wider. Nehmen Sie demnächst, wenn Sie jemandem zum ersten Mal begegnen, eine fröhliche Grundeinstellung ein, und Sie werden sehen, wie sich Ihr ganzes Auftreten ändert. Sie blicken fröhlicher drein, Sie hören sich fröhlicher an und Sie benutzen fröhlichere Worte. Das ist das komplette „Kommunikationspaket". Die anderen werden auf Sie aufgrund dieser Signale, die Sie ausstrahlen, vollkommen anders reagieren. Im nächsten Kapitel wollen wir uns einmal ansehen, wie sich diese Signale zu einem positiven Image vereinen.

5

Taten *sind* wirkungsvoller als Worte

Der erste Eindruck ist entscheidend.

Neben der Frage, ob wir fliehen oder kämpfen sollen, wägen wir bei einer ersten Begegnung auch immer ab, was uns diese neue Beziehung bringen kann.

Egal, wie sehr wir uns auch bemühen, wir können uns nicht davon freimachen, dass Image und äußeres Erscheinungsbild sehr wichtig sind, wenn wir jemandem zum ersten Mal begegnen. Wenn man gut angezogen ist, hat man bereits viel für einen positiven ersten Eindruck getan. Aber wie bekommt man sein Gegenüber dazu, tatsächlich mit einem warm zu werden? Und wie bringen Sie die liebenswerten Seiten Ihrer individuellen Persönlichkeit am besten rüber?

Körpersprache

Ihre Körpersprache, also Körperhaltung, Gesichtsausdruck und Gesten, macht mehr als 50 Prozent des Bildes aus, auf das andere reagieren und aus dem sie ihre Schlüsse ziehen.

Wenn man an Körpersprache denkt, dann denkt man häufig an das, was vom Hals abwärts geschieht. Aber ein Großteil dessen, was wir kommunizieren – und was zur Beurteilung unserer Person herangezogen wird – geschieht vom Hals aufwärts. Gesichtsausdruck, Nicken, den Kopf neigen – all das gehört zur Kommunikation und wirkt mindestens ebenso stark wie die Körperhaltung vom Hals abwärts.

Die Signale, die wir mit unserem Körper aussenden, sind vielfältig in ihrer Bedeutung und von globaler Reichweite. Einige sind seit der Geburt fest in uns verwurzelt, andere haben wir aus unserem gesellschaftlichen Umfeld und unserer Kultur übernommen. Überall auf unserem Planeten wird panische Angst von einem unkontrollierten Bedecken des Herzens mit der Hand und kalten Händen und/oder Gliedmaßen begleitet. Ein Lächeln ist auf allen Kontinenten ein Lächeln, während Trauer in New York und Neu Guinea durch heruntergezogene Mundwinkeln signalisiert wird. Geballte Fäuste signalisieren Entschlossenheit und offene Handflächen signalisieren in Island genauso wie in Indonesien Unschuld.

Und egal, wo auf der Welt Sie sich befinden, Mütter und Väter wiegen ihre Babys instinktiv mit dem Kopf an die linke Körperseite des Babys gelehnt, nahe dem Herzen. Das Herz ist der Kern der Sache. Gesichtsausdruck und Körpersprache dienen lediglich dem Zweck, dem Körper zu helfen, damit das Zentrum von Gefühl und Stimmung sich wohl fühlt – Ihr Herz.

Stapelweise wurden Bücher über das Thema Körpersprache geschrieben, aber unter dem Strich kann man diese Form der Kommunikation in zwei große Gruppen unterteilen: offen und geschlossen. Eine offene Körpersprache bietet das Herz dar, während eine geschlossene Körpersprache es verteidigt oder schützt. Beim Knüpfen neuer Beziehungen kann man auch von einschließenden und ausschließenden Gesten sprechen.

Offene Körpersprache

Bei der offenen Körpersprache werden Herz und Körper dargeboten (innerhalb der Grenzen des Anstands natürlich!) und sie signalisiert Kooperation, Übereinstimmung, Bereitschaft, Begeisterung und Zustimmung. Diese Gesten sollen sichtbar sein. Sie zeigen Vertrauen. Sie sagen „Ja!"

Ihr Körper kann nicht lügen. Unbewusst, ohne dass Sie etwas dazu beitragen, vermittelt er Ihre Gedanken und Gefühle in seiner eigenen Sprache an die Körper der anderen Menschen, und diese Körper verstehen diese Sprache hervorragend. Jeder Widerspruch in der Körpersprache kann die Kontaktaufnahme unterbrechen.

In seinem Klassiker *How to Read a Person like a Book* erklärt Gerard I. Nierenberg den Wert offener Gesten. Dazu gehören Hände, deren Handflächen nach oben zeigen, Arme, die nicht verschränkt sind und hin und wieder ein kleiner Schritt auf den anderen zu, der sagt „Ich bin bei dir", und der Akzeptanz ausdrückt: eine offene Jacke oder ein offener Mantel, beispielsweise. Beides kann man als Offenlegen des Herzens interpretieren. In Kombination sagen solche Gesten „Alles ist in Ordnung."

Positive, offene Gesten erreichen den anderen ohne Umwege. Solche Gesten sind in der Regel ruhig und überlegt. Wenn ein offener Mensch mit dem Herzen einer anderen Person Kontakt aufnimmt, wird eine engere Verbindung aufgebaut und eine Vertrauensbeziehung wird möglich. (Sie kennen das Gefühl einer ehrlich gemeinten Umarmung „von Herz zu Herz"?)

Wenn Sie jemanden neu kennen lernen, richten Sie Ihr Herz auf das Herz der anderen Person aus. Es wirkt wie ein Zauber.

Weitere offene Gesten sind: mit gespreizten Beinen und in die Hüften gestemmten Armen stehen, eine Haltung, die Begeisterung und Bereitschaft symbolisiert, oder wenn man auf seinem Sitz nach vorne rutscht (wenn weitere offene

Gesten hinzukommen). Sich nach vorne beugen zeigt Interesse und unverschränkte Arme oder ungekreuzte Beine signalisieren, dass Sie für Vorschläge offen sind.

Geschlossene Körpersprache

Eine ablehnende Haltung drückt sich in Gesten aus, die den Körper schützen sollen und das Herz verteidigen. Diese Gesten signalisieren Widerstand, Frust, Furcht, Dickköpfigkeit, Nervosität und Ungeduld. Es sind negative Gesten und sie sagen „NEIN!"

Verschränkte Arme sind immer Ausdruck von Ablehnung. Sie verbergen das Herz und schützen die Gefühle. Man kann zwar mit verschränkten Armen auch entspannt sein, aber der Unterschied zwischen entspannt verschränkten Armen und einer ablehnenden Haltung liegt in den parallel dazu ausgedrückten Gesten. Sind sie gefaltet oder eng an den Körper gepresst? Sind die Hände zur Faust geballt oder offen?

Ablehnende Gesten sind häufig sehr kurz und oberflächlich und deshalb außerhalb der bewussten Kontrolle. Ihr Körper hat seinen eigenen Kopf und wird durch Ihre Grundeinstellung – eine nützliche oder nutzlose – gesteuert. Die offensichtlichste ablehnende Geste – neben den verschränkten Armen – ist das Vermeiden von Blickkontakt, wobei der Betreffende gleichzeitig seinen Körper seitwärts dreht. Wenn jemand herumzappelt, kann auch das eine negative Geste sein, die aber auch Ungeduld oder Nervosität ausdrücken kann.

Auf den ersten Blick erkennbar ist der Unterschied zwischen einer Person, die Sie direkt und aufrichtig anschaut und einer Person, die während des Gesprächs mit Ihnen mit gekreuzten Armen und nach vorne gezogenen Schultern seitwärts zu Ihnen steht. Im ersten Fall richtet die Person ihr Herz direkt auf Ihr Herz aus. Im zweiten Fall ist die Körperhaltung ablehnend; der Betreffende wendet sein Herz von Ihnen ab und schützt es. Im ersten Fall ist man Ihnen gegenüber offen, im zweiten Fall verschlossen. Beide Körperhaltungen lösen ganz unterschiedliche Gefühle aus.

Kleine Gesten

Die Bewegungen der Hände sind ebenfalls Bestandteil des Vokabulars unserer Körpersprache. Auch sie können in offene (positive Reaktionen) und geschlossene (negative Reaktionen) Bewegungen unterteilt werden, nur dass die Ausdruckskraft viel stärker ist. Ich möchte noch ausdrücklich darauf hinweisen, dass einzelne Gesten, genau wie einzelne Wörter, nicht viel aussagen. Nur wenn man mehrere Gesten zusammennimmt, vielleicht in Kombination mit einer Körperhaltung oder sogar der Körpersprache insgesamt, kann man schlussfolgern, dass eine geballte Faust bedeutet: „Wow, mein Pferd hat gewonnen!" Und nicht: „Ich bin so wütend, ich könnte ihm eine 'runterhauen!"

Ähnliche Unterschiede kann man auch in der Körpersprache oberhalb des Halses feststellen. Das offene Gesicht lächelt, sucht den Blickkontakt, gibt Feedback, zeigt Neugierde und hebt die Augenbrauen, um so Interesse zu signalisieren. Bei einer flüchtigen Begegnung sagt ein kurzer Blick und das anschließende Senken der Augen: „Ich vertraue dir. Ich habe keine Angst vor dir." Ein längerer Blick verstärkt das positive Signal. In einer Unterhaltung kann man am Ende einer Aussage durch ein Kopfnicken signalisieren, dass man eine Antwort erwartet.

Bei einem verschlossenen Gesicht ist die Stirn in Falten gelegt, die Lippen sind aufeinander gepresst und jeder Blickkontakt wird vermieden. Und dann gibt es noch eine weitere negative Art von Gesichtsausdrücken. Freundlich ausgedrückt ist es das neutrale oder ausdruckslose Gesicht. Bei diesem Gesichtsausdruck starrt uns unser Gegenüber wie eine tote Forelle an. Im nächsten Kapitel werden Sie herausfinden, wie man auf so ein „totes" Gesicht reagiert, das sehr entmutigend wirken kann, wenn man nicht weiß, wie man damit umgehen soll.

Wenn ich vor einem größeren Publikum spreche, lasse ich meinen Blick durch die Zuschauerreihen wandern und erkenne Zuhörer, die mich schon einmal reden gehört haben. Ich erkenne sie, weil sie diesen „Ausdruck des Wiedererkennens" im Gesicht haben, wenn sie mich sehen. Es ist lediglich ein Blick oder auch nur eine Grundeinstellung, die stilles Einverständnis signalisiert und die ich sofort erkenne. Dieser Blick kann – manchmal – Wunder bei Menschen bewirken, die Sie noch nie zuvor gesehen haben. Wenn Sie jetzt gerade alleine sind, probieren Sie es einmal aus. Öffnen Sie leicht den Mund zu einem Lächeln, während Sie die Augenbrauen leicht hochziehen und den Kopf leicht nach hinten neigen und dabei eine imaginäre Person ansehen, als hätten Sie sie wieder erkannt. Sie können diesen Blick auch abwandeln, nämlich indem Sie den Kopf so neigen, als würden Sie kurz zur Seite blicken und dann neigen Sie den Kopf wieder leicht zurück und sehen Sie die Person wieder an, während Sie kaum merklich die Stirn runzeln und/oder die Lippen zusammenpressen. Üben Sie das. Und dann probieren Sie es einmal aus. Gehen Sie so unauffällig wie möglich vor. Letzten Frühling habe ich einen Bus inklusive Chauffeur für meine Tochter und ihre Freunde gemietet, der sie nach Bestehen ihrer Abschlussprüfung durch die Stadt kutschieren sollte. Als ich in dem Vermietungsbüro stand und bezahlen wollte, bemerkte ich eine Frau, die an dem gegenüberliegenden Schreibtisch saß. Sie hatte diesen Gesichtsausdruck, der mir signalisierte, dass sie mich schon einmal gesehen hatte. Ich zerbrach mir den Kopf und versuchte sie irgendwo einzuordnen, aber vergeblich.

Am Ende fragte ich Sie: „Entschuldigen Sie, sind wir uns schon mal irgendwo begegnet?"

„Nein", antwortete sie ernst. Dann stand sie auf, kam auf mich zu, streckte mir die Hand entgegen und sagte: „Hallo, ich bin Natalie Peters."

Ich hatte mich verpflichtet gefühlt, zuerst zu sprechen und Sie hatte dann den höflichen Teil übernommen. Sie war aufgestanden, hatte mir die Hand gereicht, mich angelächelt und sich vorgestellt. Alles ganz unschuldig – oder etwa nicht? Ich habe keine Ahnung. Aber wir hatten Kontakt geknüpft und sie hatte mich dazu gebracht, etwas zu sagen.

Flirten

Beim klassischen Flirten gehört es dazu, dass man jemanden wissen lässt, dass man ihn mag und dass man ihn oder sie gerne näher kennen lernen würden. Es ist wohl nicht verwunderlich, dass bei diesem Spiel die Körpersprache eine wichtige Rolle spielt und noch weniger überraschend, dass auch der Blickkontakt wichtig ist. Dutzende kleiner Gesten werden eingesetzt, um erotische Botschaften auszusenden: das Neigen des Kopfes, längerer Augenkontakt als normalerweise, die Beugung der Hüften, die Hände im Haar. Zur Seite zu blicken, kann Zweifel signalisieren, aber wenn man diesen schiefen Blick mit einem Lächeln kombiniert und dabei die Augen leicht schmaler werden, handelt es sich um eine sehr starke Flirt-Geste.

Ein Mann flirtet durch sein großspuriges Auftreten, eine Frau, indem sie mit den Hüften wackelt. Ein Mann lockert leicht seine Krawatte, eine Frau befeuchtet die Lippen. Und immer stärker zeigen beide Partner ihr Interesse aneinander durch ihre Körperhaltung, ihre Blicke, bis eine kleine Geste synchron gesendet wird und das Okay signalisiert.

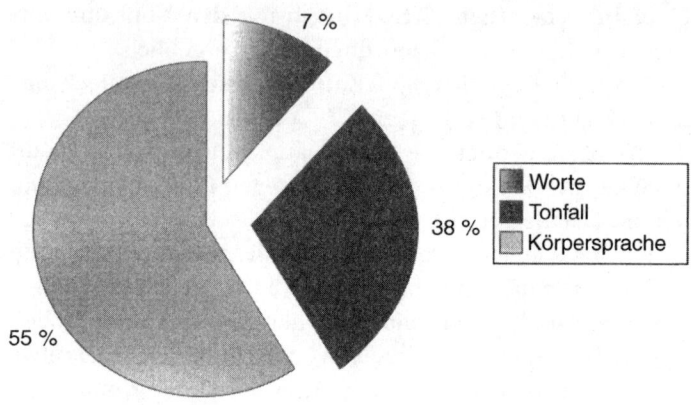

Kongruenz (Deckungsgleichheit)

Warum mögen wir große Schauspieler und nehmen sie ernst, obwohl wir doch wissen, dass sie nur die Worte sprechen, die jemand anders geschrieben hat? Weil sie glaubhaft sind; weil sie sich kongruent verhalten.

Im Jahr 1967 führte Professor Albert Mehrabian, der zurzeit an der Universität von Kalifornien in Los Angeles doziert, die am häufigsten zitierte Studie in Sachen Kommunikation durch. Er fand heraus, dass Glaubhaftigkeit von der Konsistenz, oder auch Kongruenz, dreier Kommunikationsaspekte abhängt. In einer Abhandlung mit dem Titel „Decoding of Inconsistent Communication" (Die Entschlüsselung inkonsistenter Kommunikation) beschrieb er die unterschiedlichen Anteile der Kommunikationskanäle folgendermaßen: Interessanterweise findet 55 Prozent dessen, auf das wir reagieren, visuell statt; 38 Prozent nehmen wir über das Gehör wahr und nur 7 Prozent machen die Worte aus, die wir verwenden.

Unklare Botschaften

Rosa, Kellnerin, entfaltet die Anzeige, die sie aus einer Zeitung herausgerissen hat, räumt den Schreibtisch dort auf, wo ihr neuer Computer aufgestellt werden soll und verlässt das Haus.

Beim Computerhändler schleicht sie um den neuesten Laptop von Megahype herum, bis ein junger Verkäufer auf sie und die Anzeige in ihrer Hand aufmerksam wird und zu ihr hinübergeht. Er knöpft sein Jackett auf, breitet die Arme aus, die Handflächen zeigen nach oben und er sieht ihr in die Augen: „Ich sehe, Sie haben ihn schon gefunden", sagt er lächelnd. „Hallo, mein Name ist Klaus Müller und ich bin für diese Abteilung zuständig."

Während der nächsten 10 Minuten spricht ein entspannter und ernsthafter Klaus Müller mit Rosa. Sein Gesicht ist ihr zugewandt, wobei er die Hände öffnet und sich hin und wieder leicht zu ihr hinüberlehnt, während er die technischen Einzelheiten des Rechners erklärt. Rosa hört mit Interesse zu, ihr Kopf ist zur Seite geneigt, die Hand an der Wange, als Klaus ihr anbietet, „noch Extras im Wert von 75 Euro" dazuzugeben und sich sogar bereit erklärt, ihr einen Rabatt in Höhe der Mehrwertsteuer zu gewähren.

Schließlich sagt Rosa, während sie sich das Kinn reibt und ihre Entscheidung trifft, nickend: „Ja, ich denke, das ist das richtige Modell für mich."

„Toll", sagt Klaus und reibt sich eifrig die Hände. „Es dauert nur fünf Minuten, bis ich ihn abgebaut und ein paar Kartons gefunden habe."

Rosa sieht ihn von der Seite an und runzelt die Stirn: „Haben Sie keinen neuen, originalverpackten?"

„Es dürfte im Moment ziemlich schwierig sein, einen zu finden." Klaus Handflächen werden zu Fäusten und sie verschwinden in der Hosentasche.

„Diese Rechner sind so ein super Angebot – die sind weggegangen wie warme Semmeln." Er knöpft seine Jacke zu, lässt die Schultern hängen und lacht nervös.

„Das ist also ein Vorführmodell?" Rosa neigt fragend den Kopf.

„Hab ich heute morgen erst hier aufgebaut", schießt Klaus zurück und lächelt dabei verschämt. Er verschränkt die Arme vor der Brust und dreht sich ein wenig von ihr weg, so als wäre er von etwas abgelenkt, das gerade in der Fernsehabteilung nebenan vor sich geht. Seine Stimme klingt brüchig und schwach, als er sagt: „Der hat die gleiche Garantie wie ein neuer."

Rosa reibt sich zweifelnd die Nase. „Heute morgen erst aufgebaut worden? Gut, kann ich das schriftlich haben?"

Klaus hat ihr den Rücken zugewandt, während er sich über den Monitor beugt und an den Kabeln herumfummelt – nur damit er sie nicht anzusehen braucht. Er erhascht einen Blick auf sich selbst in einem der Wandspiegel. *Oh Gott, was bin ich doch für ein Idiot*, denkt er. Er beißt sich auf die Lippen und dreht sich wieder zu Rosa um.

Aber Rosa ist gegangen.

Als gute Kellnerin ist Rosa es gewohnt, Körpersprache zu lesen. Sie erkannte, dass die Gestik des Verkäufers im Widerspruch zu seinen Worten stand (nicht kongruent war), und sie wusste, dass sie den Gesten glauben sollte. Die Veränderung in Klaus Tonfall von informierend zu bittend, bestätigte lediglich ihre Zweifel.

Der Professor nannte diese Kanäle die drei „V" der Kommunikation: visuell, vokal, verbal. Und um glaubwürdig zu sein, müssen alle drei Kanäle die gleiche Botschaft senden. Das genau ist die Grundlage von bewusster Kontaktaufnahme. Mehr als die Hälfte der Kommunikation findet non-verbal statt! Das, was von der Kommunikation zu sehen ist, unsere Körpersprache, zählt am meisten: wie wir uns verhalten, uns kleiden, uns bewegen, wie wir gestikulieren etc.

Sie brauchen einen Beweis? Erinnern Sie sich doch einmal daran, als Sie das letzte Mal jemandem gegenüber standen, der die Arme verschränkt hatte, mit dem Fuß auftippte und gelangweilt schaute und dann die Worte „Danke, mir geht's gut" haucht. Welchen Hinweisen haben Sie getraut – den Worten oder der Körpersprache und dem Tonfall? Körperliche Botschaften sind viel deutlicher als gesprochene Worte. Da 55 Prozent unserer Kommunikation sich als Körpersprache ausdrückt, können Sie sehen, wie leicht es ist, bewusst oder unbewusst, entweder Offenheit oder Verschlossenheit zu signalisieren, nur durch die bloße Körpersprache. Gesten und nicht Worte sind die wahren Indikatoren unserer instinktiven Reaktionen.

Wenn Sie möchten, dass andere Ihnen vertrauen, müssen Sie sich kongruent verhalten. Ihre gesprochene Sprache und die Körpersprache müssen dasselbe sagen. Wenn nicht, wird der Körper Ihres Gegenübers Ihrem Körper Unwohlsein signalisieren. Als Reaktion auf diese Kommunikation wird Ihr Körper Ihrem Kopf einen chemischen Cocktail senden, der dem gemischten Gefühl Ihres Gegenübers entspricht. Und dann fühlen Sie sich *beide* unwohl und es wird viel schwieriger, einen guten Kontakt herzustellen. Wenn andere eine Diskrepanz zwischen Ihren Worten und Ihren Gesten erkennen, werden sie Ihren Gesten vertrauen und sich entsprechend verhalten.

Eine Übung zur Kongruenz: Worte vs. Tonfall

Sagen Sie jeden der unten stehenden Sätze mit unterschiedlichem Tonfall: wütend, gelangweilt, überrascht und flirtend. Achten Sie darauf, wie Ihre Körpersprache, der Gesichtsausdruck und die Atmung sich anpassen und schließlich Ihren emotionalen Zustand verändern.

„Es ist spät."
„Ich mag nicht mehr."

> „Sieh mich an."
> „Wo bist Du geboren?"
> Um den Tonfall zu prüfen, suchen Sie sich einen Freund und sagen Sie ein oder zwei dieser Sätze. Achten Sie darauf, ob Ihr Freund sagen kann, welches der vier Gefühle Sie ausdrücken wollten. Wenn das nicht offensichtlich ist, üben Sie, bis es klar ist.

Kongruenz erreicht man also, wenn Körper, Tonfall und Worte übereinstimmen. Und wenn Körper, Tonfall und Worte dasselbe ausdrücken, erscheinen Sie aufrichtig und man wird Ihnen vertrauen. Genau deshalb ist eine *absolut nützliche Grundeinstellung* so wichtig. Aufrichtig oder kongruent zu wirken, ist der Schlüssel zur Vertrauensbildung und Vertrauen ist der Schlüssel zur Beliebtheit und zu guten persönlichen Beziehungen.

Achten Sie darauf, dass Worte, Tonfall und Gesten alle dasselbe aussagen. Achten Sie bei anderen auf Widersprüchlichkeiten. Achten Sie darauf, wie Sie auf diese reagieren.

Wir alle kennen diese alten Kinofilme, in denen ein paar Leute in einem Auto durch die Gegend fahren und dabei das Lenkrad hin und her wackeln, obwohl im Hintergrund eine Straße zu sehen ist, die schnurgerade ist. Es ist albern – man weiß genau, dass die Leute in Wirklichkeit in einem Studio sitzen und in einer Kiste hin und her geschüttelt werden. Ihre Sinne sagen Ihnen, dass etwas nicht richtig ist, etwas außerhalb der Norm liegt und deshalb können Sie das, was Sie sehen, nicht glauben. Oder haben Sie schon einmal erlebt, dass jemand total wütend auf Sie war, und mitten, während er Sie beschimpfte, huscht ein Lächeln über sein Gesicht und verschwindet gleich wieder so schnell, wie es gekommen ist? Sehr merkwürdig. Auch das ist ein Beispiel für widersprüchliches Verhalten. Das Lächeln gehört einfach nicht zu der Wut; es ist unaufrichtig.

Ein weiterer Überlebensinstinkt ist der, widersprüchliches Verhalten zu erkennen. Wenn Sie im Urlaub sind und ein Fremder auf Sie zukommt, der Sie angrinst und sich dabei die Hände reibt und die Lippen leckt und sagt: „Guten Morgen, mit welcher Summe möchten Sie sich denn an dem weltbesten Time-Sharing-System beteiligen?", dann ist die Wahrscheinlichkeit groß, dass Sie auf der Hut sind. Eine schnelle Überprüfung der Kongruenz seines Verhaltens geschieht instinktiv und ist ein weiterer Grund dafür, dass der erste Eindruck alles andere überschattet.

Immer wieder kommt es vor, dass die Emotionen und Intentionen einer Person von den Mitmenschen missverstanden werden. So fand beispielsweise eine Dame in einem meiner Seminare heraus, dass sie unbewusst einen Tonfall benutzte, der gar nicht zu ihren Worten passte. „Nein, ich bin nicht verwirrt. Ich bin interessiert", sagte sie, als wir das überprüften. Oder: „Nein, ich bin nicht traurig, ich bin entspannt." Das ging immer so weiter, bis sie fast den Tränen nahe war und sagte: „Jetzt weiß ich, warum meine Kinder immer sagen, ‚Mami, warum bist Du immer so sauer auf uns?' Und dabei bin ich gar nicht sauer auf sie. Manchmal bin ich nur aufgeregt."

Dieselbe Frau erzählte uns, dass ihre Kollegen sie beschuldigten, ständig so sarkastisch zu sein. Dabei sei sie nichts weniger als das. Tatsächlich bedeutet Sarkasmus, dass Worte in einem Tonfall gesprochen werden, der nicht zu dem Inhalt passt. Das Ganze ist so ausgelegt, dass der Gegenüber das glaubt, was durch den Tonfall vermittelt wird. Nehmen wir einmal an, Sie haben Ihr Team im Stich gelassen und dann hören Sie, wie jemand sagt: „Das war ja super", und zwar in einem Tonfall, der Verärgerung ausdrückt. Ganz anders sieht es aus, wenn Sie ein tolles

Tor schießen und dieselbe Person aufgeregt sagt: „Das war ja super!"

In Sachen Kongruenz gibt es eine unumstößliche Regel: Wenn Ihre Gesten, Ihr Tonfall und Ihre Worte nicht dasselbe ausdrücken, wird man den Gesten glauben. Gehen Sie einmal zu jemandem hin, schürzen Sie die Lippen und sagen Sie: „Ich mag Sie wirklich", wobei Sie die Augenbrauen hochziehen und die Arme verschränkt haben. Fragen Sie die Person, welchen Eindruck sie hat. Oder noch besser, suchen Sie sich einen Spiegel und probieren Sie es einmal aus. Na? Verstehen Sie, was ich sagen will? Ihre Gesten zeigen, was Sie wirklich meinen.

Seien Sie Sie selbst!

Sind Sie nervös, wenn Sie jemandem zum ersten Mal begegnen? Körperlich gesehen haben Aufregung und Angst vieles gemeinsam: Herzklopfen, Magengrummeln, flacher Atem und Zittern. Aber im einen Fall möchten Sie sich am liebsten in der hintersten Ecke verkriechen und im anderen Fall ist es genau der Antrieb, den Sie gerade brauchen. Wenn man nervös ist, schwingt auch immer ein wenig Panik mit und die bewirkt ganz automatisch, dass sich die Körperaktivitäten beschleunigen. Da der größte Teil Ihrer Nervosität von der erhöhten Aufmerksamkeit herrührt, versuchen Sie, diese Aufmerksamkeit darauf zu richten, sich zu beruhigen und besser in den Griff zu bekommen. Eine tolle Methode ist die, sich vorzustellen, die Nasenlöcher befänden sich direkt unter dem Bauchnabel und das Ein- und Ausatmen würde dort unten vor sich gehen. Je langsamer Sie werden – in gewissem Rahmen – desto kontrollierter wirken Sie.

Je eher Sie sich selbst sagen, dass Sie nicht ängstlich, sondern lediglich aufgeregt sind, desto eher werden Sie Ihr Unterbewusstsein davon überzeugen können, dass das auch wirklich stimmt. Und das ist das Einzige, worauf es ankommt. Ändern Sie Ihre Grundeinstellung und Ihre Körpersprache und Ihr Tonfall werden sich ändern und spiegeln diese Grundhaltung wider. Bedenken Sie, dass die meisten Menschen genau so stark daran interessiert sind, Kontakte zu knüpfen, wie Sie. Gerne wird man Ihnen gegenüber „im Zweifel für den Angeklagten" handeln.

> *Seien Sie nicht zu verbissen. In einer Studie, die von der Princeton Universität durchgeführt wurde, wurden männliche und weibliche Studenten darüber befragt, wie sie Menschen einschätzen, die sie zum ersten Mal treffen. Übereifer war eines der am häufigsten genannten K.O.-Kriterien. Lächeln Sie nicht zu aufdringlich, seien Sie nicht zu witzig oder zu höflich und widerstehen Sie der Versuchung, den anderen zu bevormunden.*

Je wohler Sie sich mit Ihrer Grundeinstellung fühlen, desto eher werden die anderen an Ihnen Charaktereigenschaften feststellen, über die nur Sie alleine verfügen – die Sie von anderen unterscheiden und Sie als Individuum definieren. Ganz automatisch und problemlos werden Sie die liebenswerten Anteile Ihrer einzigartigen Persönlichkeit hervorkehren und Vertrauen in Ihre Fähigkeit gewinnen, nach Belieben gute Kontakte zu knüpfen.

Es ist fast unmöglich, sich inkongruent zu verhalten, wenn Sie aus einer bestimmten Grundeinstellung heraus operieren – egal ob sie nützlich oder nutzlos ist. Da ihre Grundeinstellung Ihnen vorauseilt, ist sie eine ganz wichtige Komponente des ersten Eindrucks, den Sie auf neue Bekanntschaften machen.

6

Menschen mögen Menschen, die ihnen ähnlich sind

Mein Nachbar am Ende der Straße angelt für sein Leben gern.

Das tun auch seine beiden Söhne, die übrigens genau wie ihr Vater aussehen und auch so gehen. Was für eine tolle Verbindung! Ich selbst angle nicht und auch keines meiner fünf Kinder, aber wir teilen dieselbe Art von Humor. Ein Glück! Meine Tante in Schottland ist Ärztin, genau wie ihre Tochter. Sie denken auch ähnlich. Zufall? Der Klempner aus meinem Dorf ist bereits die 3. Generation von Klempnern in seiner Familie. Die Frau, die mir auf dem Wochenmarkt in Leiden, ganz in der Nähe von Amsterdam, einen schönen, reifen Gouda verkaufte, hatte ihre Mutter und ihre Tochter dabei, die für sie arbeiteten. Alle hatten übrigens dasselbe an.

Was geht da vor sich? Wird da ein Muster sichtbar? Wie kommt es, dass die sich alle so ähnlich sind? Sie alle sind mit einem in vielen Bereichen harmonischen Verhalten aufgewachsen. Sie haben eine Synchronität gefunden.

Seit er drei Jahre alt ist, kann der Sohn meines Nachbarn gut mit einer Angelrute umgehen, genau wie sein Vater. Er sitzt auf eine ganz bestimmte Weise da, genau wie sein Vater, und wenn er den Wurm aufzieht, blickt er hin und wieder zu seinem Vater hinüber, um zu sehen, ob er es richtig macht: Ein bestimmter, fast unmerklicher Blick sagt, mach weiter, ein anderer, sei vorsichtig und wieder ein anderer, nein, das ist falsch. Der Junge setzt seine eigenen Instinkte ein, um von seinem Vater zu lernen und gleichzeitig wird er ganz unauffällig von seinem Vater angeleitet, nämlich durch den Gesichtsausdruck, die Körpersprache und manchmal durch seine sanfte, ermutigende Stimme. Jetzt kann er es, genau wie sein Vater.

Natürliche Synchronität

Unsere Fähigkeiten erlernen wir durch Anleitung und den Kontakt zu unseren Mitmenschen. Während wir ständig Signale von unseren Eltern, unserem Umfeld, unseren Lehrern, Trainern, dem Fernsehen, Kinofilmen und unserer Umwelt empfangen, wird unser Verhalten geformt und organisiert, indem wir uns mit dem Verhalten anderer synchronisieren und uns an ihr emotionales Feedback anpassen. Unbewusst haben wir uns seit der Geburt anderen angepasst. Der Körperrhythmus eines Babys ist auf den seiner Mutter abgestimmt. Die Stimmung eines Kleinkindes wird von der Laune des Vaters beeinflusst, die Lieblingsspielzeuge sind dieselben, wie die der Mitschüler, der Geschmack eines Teenagers muss dem entsprechen, was als cool gilt und die Vorlieben Erwachsener werden durch ihre Bekannten, Freunde und die Gesellschaft beeinflusst.

Den ganzen Tag lang synchronisieren wir unser Verhalten mit dem unserer Mitmenschen. Dieses Sychronisieren halt uns am Leben. Wir beeinflussen uns ständig gegenseitig mit unserem Verhalten. Jeden Augenblick, den wir mit anderen verbringen, nehmen wir minimale Verhaltensänderungen vor, genau wie die anderen um uns herum. Das genau ist Sychnronität. Unbewusst verarbeiten wir Signale und übertragen sie durch unsere Gefühle auf andere. Daraus ziehen wir unsere Stärke und unsere Überzeugungen; dadurch fühlen wir uns sicher. So entwickeln wir uns. Und so kommt es, dass Menschen, die sich ähnlich sind, sich mögen, einander vertrauen und sich miteinander wohl fühlen.

Natürliche Synchronität

Man wird von Leuten eingestellt, die einem ähnlich sind.
Man kauft von Menschen, die einem ähnlich sind.
Man trifft sich mit Menschen, die einem ähnlich sind.
Man leiht Menschen, die einem ähnlich sind, Geld.
Und so weiter.

Vielleicht haben Sie schon einmal festgestellt, dass Sie sich zu bestimmten Menschen gleich bei der ersten Begegnung hingezogen fühlen, während es andere gibt, zu denen Sie gar keinen Draht finden. Oder Sie finden jemanden vielleicht sogar auf Anhieb abstoßend. Wir alle haben das schon einmal erlebt. Aber haben Sie sich schon einmal gefragt, woher das kommt? Wie kommt es, dass man sich mit manchen Menschen so vertraut und wohl fühlt, als hätte man bereits eine langjährige Beziehung? Denken Sie einmal an die Leute, die Sie in der letzten Woche im Alltag kennen gelernt haben. Gehen Sie noch einmal alle Begegnungen durch und lassen Sie sie vor Ihrem geistigen Auge erscheinen. Was hatten diejenigen, die Sie mochten, an sich?

Die Wahrscheinlichkeit ist groß, dass Sie etwas gemeinsam haben – Interessen oder Einstellungen oder die Art und Weise, wie Sie sich bewegen. Menschen, die sich gut verstehen, haben meistens etwas gemeinsam. Wer dieselben Ideen hat, denselben Musikgeschmack oder dieselben Lieblingsgerichte, dieselben Bücher liest oder dieselben Urlaubsziele, Hobbys, Sportarten oder Freizeitbeschäftigungen mag, fühlt sich sofort miteinander wohl und mag sich lieber als jemanden, mit dem man nichts gemeinsam hat.

Wenn ich Vorträge halte, suche ich mir eine große Tafel und schreibe darauf

I like you! (Ich mag Sie!)

Dann schreibe ich ganz klein das Wort „am" dazwischen, so dass daraus

I am like you! (Ich bin wie Sie!)

wird. Im Englischen drückt dieses Wortspiel den Sachverhalt akkurat aus. Wir fühlen uns in der Gegenwart solcher Menschen wohl, bei denen wir das Gefühl haben, sie schon länger zu kennen. Auch da gibt es im Englischen ein passendes Wort: familiar. Sehen Sie sich doch einmal Ihre engen Freunde an. Der Grund dafür, dass Sie so gut miteinander auskommen, ist der, dass Sie ähnliche Meinungen vertreten, vielleicht sogar ähnlich an Dinge herangehen. Natürlich werden Sie viele Unterschiede feststellen, aber vom Grundsatz her sind Sie sich ähnlich.

Menschen mit ähnlichen Interessen finden leicht Kontakt zueinander. Wenn Sie sich für die Formel 1 interessieren, genau wie einer der Kollegen im Büro, dann kann das die Grundlage für eine engere Beziehung sein. Oder vielleicht haben Sie zwei Kleinkinder und gehen jeden Nachmittag in den Park, wo Sie andere Mütter in derselben Situation treffen; auch dies ist eine Grundlage für eine persönliche Beziehung. Sicher kennen Sie das Sprichwort „Gleich und gleich gesellt sich gern." Nun ja, ganz einfach: Man fühlt sich in der Gegenwart von Menschen, die einem ähnlich sind, nun einmal wohl.

Zufällige Kontakte sind dann nicht nur oberflächlich, sondern halten auch unter der Oberfläche etwas aus. Gemeinsame Ansichten, ähnliches Aussehen, ähnliche Geschmäcker und Lebensumstände tragen zu einer intensiveren Beziehung bei. Vielleicht fühlen Sie sich in der Gegenwart von Menschen wohl, die sich flüssig und gewandt ausdrücken können, oder vielleicht eher mit Menschen, die mit sanfter Stimme eher langsam sprechen.

Vielleicht genießen Sie die Anwesenheit von Menschen, die ihren Gefühlen Ausdruck verleihen oder solchen, die immer gleich zur Sache kommen, ohne jedes Wort auf die Waagschale zu legen. Wenn ein Kontakt durch Zufall, also ungewollt entsteht, dann sind Sie auf jemanden gestoßen, der in ähnlichen Lebensverhältnissen aufgewachsen ist wie Sie, oder sich ähnliche Verhältnisse aufgebaut hat.

Die Kunst des Synchronisierens

Aber warum sollte man darauf warten, dass sich ein Kontakt durch Zufall ergibt? Warum sollte man sich nicht gleich schon bei der ersten Begegnung auf das Verhalten der anderen einstellen? Warum nicht 90 Sekunden oder sogar weniger investieren, um absichtlich und bewusst Kontakte zu knüpfen?

Schauen Sie sich einmal in einem Restaurant, einem Café, einem Einkaufszentrum oder einem anderen öffentlichen Platz um, wo sich Menschen treffen, und achten Sie einmal auf diejenigen, die „einen Draht" zueinander haben und auf solche, die keinen haben. Diejenigen mit gemeinsamem Draht sitzen in ähnlicher Weise beieinander. Achten Sie einmal darauf, wie sie sich zueinander neigen. Achten Sie auf die Bein- und Armposition. Wer einen gemeinsamen Draht zueinander hat, bewegt sich fast wie ein Tanzpaar: Einer hebt die Tasse zum Mund, der andere folgt; einer lehnt sich zurück, der andere tut dasselbe; einer redet leise, der andere redet leise. Der Tanz geht weiter: Körperposition, Rhythmus, Tonfall. Und jetzt schauen Sie sich einmal jene Menschen an, die zwar offensichtlich zusammengehören, aber nicht synchronisiert sind, und achten Sie auf die Unterschiede. Welche Paare oder Gruppen fühlen sich wahrscheinlich wohler?

Vor kurzem hielt ich in London vor einem größeren Publikum einen Vortrag und in der zehnten Reihe saß ein auffällig schönes Paar. Beide waren geschmackvoll gekleidet, Farben und Details waren sorgfältig aufeinander abgestimmt. Als ich sie bemerkte, saßen sie in genau derselben Körperhaltung nebeneinander. Sie neigten sich leicht nach rechts, wobei die Hände gefaltet neben der jeweiligen Armlehne lagen. Wie auf ein geheimes Signal hin, verlagerten beide das Gewicht auf die andere Armlehne und nickten und lächelten gleichzeitig wie Synchronschwimmer. Sie belegten alles, wovon ich sprach. Nach der Veranstaltung sprach ich sie an und erfuhr, dass sie bereits seit 47 Jahren ein Paar sind. Sie waren fit, gesund, glücklich und völlig harmonisch aufeinander abgestimmt.

Unser Ziel ist es, die Struktur der Synchronität zu erkennen und sie so anzupassen, dass sie auf die unterschiedlichen Menschen, die wir kennen lernen, anwendbar ist. Der Schlüssel zu einem gemeinsamen Draht ist, zu wissen, wie man die drei „Vs" der menschlichen Kommunikation, wie Professor Mehrabian sie bezeichnete – den visuellen, vokalen und verbalen Kanal – aufeinander abstimmt, um eine Beziehung zu anderen aufzubauen, indem man ihnen möglichst ähnlich wird.

Bedeutet das denn nicht, dass man sich einschmeichelt oder unaufrichtig ist? Nein. Bedenken Sie, dass wir hier ja nur über eine oder eine halbe Minute reden! Sie sollen sich ja nicht einer kompletten und dauerhaften Persönlichkeitsumwandlung unterziehen. Alles, was Sie tun ist, sich an jemanden anzupassen, damit derjenige sich wohler fühlt. Das führt lediglich dazu, dass Sie einen Prozess beschleunigen, der ganz automatisch abgelaufen wäre, wenn Sie mehr Zeit gehabt hätten. Natürlich sollen Ihre Bewegungen, Ihr Tonfall und Ihre Worte keine offensichtlichen Kopien des anderen sein, sondern Sie sollen sich einfach so verhalten, wie Sie es bei einer sehr guten Freundin oder einem sehr guten Freund tun würden.

Die Fähigkeit des Synchronisierens ist eigentlich nichts anderes als ein Bindeglied zu unserer größten Ressource herzustellen: unseren Mitmenschen. Da wir uns instinktiv zueinander hingezogen fühlen, sei es, um Unterstützung oder emotionales Feedback zu bekommen oder um unsere körperlichen Bedürfnisse zu befriedigen, beschleunigt das Synchronisieren unsere mentale Vereinigung.

Wenn man ins Ausland reist, dann passt der Stecker vom Rasierapparat oder dem Fön häufig nicht in die Steckdose – man braucht einen Adapter, damit das Gerät funktioniert, ein Verbindungsstück, in das Sie das Gerät stecken können, um Strom zu bekommen. Genau dasselbe ist es, wenn Sie eine Verbindung mit anderen Menschen eingehen. Wie beim Fön oder Rasierapparat braucht man einen Adapter. Betrachten Sie das Synchronisieren also als Adapter, der es Ihnen ermöglicht, möglichst schnell und ganz nach Belieben gute Beziehungen zu knüpfen. Das Synchronisieren ist eine Methode, die dazu führt, dass andere sich öffnen, sich entspannen und froh sind, mit Ihnen zusammen sein zu dürfen. Tun Sie einfach, was Ihr Gegenüber tut; werden Sie ihm so ähnlich, dass er irgendwann denkt, *ich weiß nicht, was es ist, aber irgendetwas hat dieser Mensch an sich, das mir wirklich gefällt!*

Betrachten Sie das Synchronisieren einfach so, als würden Sie ein Ruderboot längsseits des Bootes einer anderen Person legen, wobei Sie in dieselbe Richtung fahren, dieselbe Geschwindigkeit rudern und sich dem Tempo, den Ruderschlägen, der Atmung, der Stimmung und der Sichtweise der anderen Person anpassen. Wenn sie rudert, rudern Sie ebenfalls.

6 Menschen mögen Menschen, die ihnen ähnlich sind

Vor ein paar Jahren saß ich eines Abends in einer Skihütte und wartete darauf, dass meine beiden jüngsten Kinder von einer Abend-Skitour zurückkehrten. Plötzlich spazierte mein Nachbar herein, ein Rechtsanwalt, mit dem wir bisher lediglich höfliche Grußworte ausgetauscht hatten. Als ich ihn kommen sah, beschloss ich, ein paar einfache Synchronisationstricks bei ihm auszuprobieren. Ich legte fest, welches Ergebnis ich damit erzielen wollte (denken Sie daran, dass Sie immer wissen müssen, was Sie wollen), und dass ich mit dem Synchronisieren so lange weitermachen wollte, bis er eine eindeutige Freundschaftsgeste machte. Ruhig stand ich auf und er entdeckte mich. Wir trafen uns in der Mitte eines großen Raumes.

„Hallo", sagte er mit einem schmallippigen Lächeln, während er meine Hand schüttelte.

Ich passte mich seinem Tonfall, seinem Gesichtsausdruck und seiner Körperhaltung an und echote: „Hallo!"

Er legte eine Hand auf die Hüften und deutete mit der anderen zum Fenster: „Ich warte bloß noch darauf, dass meine Kinder endlich zurückkommen!"

„Ich auch", sagte ich und kopierte seine Gesten. „Ich warte darauf, dass meine Kinder endlich zurückkommen."

Ich synchronisierte ihn – respektvoll – nicht länger als 30 Sekunden in einem normalen, unschuldigen Gespräch. Dann plötzlich sprudelte es nur so aus ihm heraus: „Wissen Sie was? Eigentlich sehen wir uns nicht oft genug. Warum kommen Sie mit Ihrer Frau nicht irgendwann mal zu uns zum Abendessen herüber?"

Wir machten gleich einen Termin aus. Ich konnte ihm an der Art und Weise, wie er den Mund verzog, fast ansehen, was sich jetzt gerade in seinem Kopf abspielte. Er dachte nach. *Irgendetwas hat dieser Typ an sich, was ich wirklich mag, aber ich habe keine Ahnung, was es ist.* Wenn er das Gefühl gehabt hätte, ich würde ihn kopieren, hätte er diese Einladung natürlich niemals ausgesprochen.

Ich war mit dieser wirklich nützlichen Grundeinstellung der Herzlichkeit auf ihn zugegangen, die, obwohl ich ihn synchronisierte, sehr dicht unter der Oberfläche blieb. Ich sah ihm direkt ins Gesicht und übernahm sofort seine Körperhaltung, benutzte ähnliche Gesten und Gesichtsausdrücke. Der vokale Teil, sein Tonfall und die Sprechgeschwindigkeit, waren leicht zu synchronisieren. Es hört sich jetzt komplizierter an, als es eigentlich war. Das Ganze hat lediglich ein paar Sekunden gedauert. Es hat Spaß gemacht und fühlte sich gut an. Ich hatte schon immer vorgehabt, ihn einmal besser kennen zu lernen, und dies schien die perfekte Gelegenheit dazu zu sein. Ich bin sicher, dass wir beide diesen Kitzel spürten, nämlich den, eine neue Beziehung zu knüpfen. Es gibt absolut nichts auf der Welt, was so aufregend und lohnenswert sein kann, wie eine neue Beziehung zu knüpfen, die in eine neue Freundschaft münden kann.

Der Bulle

Herr Szabo, Besitzer einer großen Supermarktkette, ist in der Branche für sein einschüchterndes Wesen berühmt. Eines Tages rief er die Produktmanager von drei konkurrierenden Marken in einer seiner Niederlassungen zusammen. Er führte die drei Produktmanager zu dem Regal, in welchem ihre Produkte standen, um sie dann für die seiner Meinung nach grauenhafte Aufmachung ihrer Produkte zu beschimpfen. Er fuchtelte mit den Armen, zeigte auf die Sachen, die er auszusetzen hatte, hob und senkte die Stimme, machte hin und wieder eine Pause, um jeden Einzelnen anzustarren und piekste einem von ihnen, Herrn Paul, sogar mit dem Finger auf die Schulter. Am Ende seiner Tirade nickten zwei der drei Geschäftspartner eingeschüchtert, was Herrn Szabo sogar dazu veranlasste noch mehr Munition auf sie abzufeuern.

> Schon als Herr Szabo mit seiner Meckerei begann, hatte Herr Paul vorsichtig versucht, sich auf die Stimmung und das Verhalten von Herrn Szabo einzustellen – sie zu synchronisieren. Als es an ihm war, auf die Anschuldigungen des erregten Geschäftsinhabers zu reagieren, war er schon fast selbst zu Herrn Szabo *geworden* – allerdings auf ganz harmlose Weise. Er benutzte dieselben Armbewegungen, denselben Tonfall, dieselben Pausen und dieselbe Körperhaltung und er piekste Herrn Szabo sogar auf die Schulter, als er sagte: „Sie haben völlig Recht."
>
> Als Sie sich etwa eine Minute lang unterhalten hatten, schwenkte Herr Paul wieder auf seine eigenen Gesten ein und Herr Szabo folgte ihm. Als er mit dem Reden fertig war, legte er Herrn Paul den Arm um die Schulter und führte ihn zum Ende des Ganges. Dort schnappte er sich einen der Verkäufer und sagte: „Geben Sie diesem Mann jede Hilfe, die er benötigt."
>
> Herr Paul hatte sich erfolgreich in die Welt des Herrn Szabo begeben, und ihn dann schnell, vorsichtig und respektvoll in seine eigene Welt geholt.

Und was ist mit schwierigen Menschen? Ich werde häufig gefragt, was man tun soll, wenn man auf jemanden stößt, der sich völlig in sein Schneckenhaus zurückgezogen hat, der die Zähne zusammenbeißt, die Arme verschränkt hält oder die Hände in die Hosentaschen stemmt. Oder wie man am besten mit einem cholerischen Aufbrauser, einer schüchternen grauen Maus, einem Meckerheini oder jemandem, der arrogant oder aggressiv ist, umgeht. Es ist nicht der Sinn dieses Buches, detaillierte Anweisungen hinsichtlich des Umgangs mit jedem einzelnen Typ von schwierigen Menschen zu geben. Aber es gibt ein paar Grundregeln.

Regel Nummer eins, wenn man einem schwierigen Menschen begegnet, lautet: „Muss ich mich wirklich mit diesem Menschen abgeben?" Wenn die Antwort nein lautet, lassen

Sie sie oder ihn in Ruhe. Wenn ja, überlegen Sie, was Sie wollen. Welches Ergebnis möchten Sie erreichen? Überlegen Sie nicht, was Sie *nicht* wollen. (Erinnern Sie sich noch an DAS?)

Wenn Sie das Verhalten eines schwierigen Menschen synchronisieren, achten Sie darauf, dass Sie es ganz vorsichtig tun. Sobald Sie Ihre Körpersprache und Ihren Tonfall auf Ihren Gesprächspartner eingestellt haben, können Sie damit beginnen, ihn aus seiner Welt „herauszuführen". Nehmen Sie die Arme auseinander, lockern Sie die Schultern und prüfen Sie, ob er Ihnen folgt. Wenn nicht, nehmen Sie noch einmal für etwa eine Minute die ursprüngliche Haltung ein und probieren Sie es noch einmal.

Noch ein Wort über *schüchterne Menschen*: Versuchen Sie herauszufinden, wofür sie sich interessieren. Synchronisieren Sie deren Körperbewegungen und den Tonfall und stellen Sie ohne Eile viele offene Fragen (siehe nächstes Kapitel), bis Sie einen Schimmer von Begeisterung erkennen. Nehmen Sie ihre Körperhaltung ein und dann führen Sie sie Schritt für Schritt in Ihre eigene Welt. Neigen Sie den Oberkörper nach vorne und schauen Sie, ob Ihr Gegenüber Ihnen folgt. Wenn nicht, beginnen Sie noch einmal von vorne und synchronisieren Sie möglichst jede kleinste Bewegung. Sie werden überrascht sein, wie gut das funktioniert.

Wann beginne ich mit dem Synchronisieren? Lassen Sie möglichst nicht mehr als zwei oder drei Sekunden verstreichen, bevor Sie damit beginnen. Denken Sie an den Ablauf aus Kapitel 2: Öffnen (die wirklich nützliche Grundeinstellung und offene Körpersprache) – Herz (zur anderen Person gewandt) – Blickkontakt (suchen Sie als Erster den Blickkontakt) – Strahlen (seien Sie der erste, der lächelt) – „Hi!" (stellen Sie sich vor) – Hinwendung (signalisieren Sie Interesse und beginnen Sie mit dem Synchronisieren).

Alles, was die gemeinsame Basis fördert und die Distanz zwischen Ihnen und der anderen Person verringert, ist gut. Am schnellsten erreichen Sie Ihr Ziel, wenn Sie so viele Feinheiten des anderen synchronisieren, wie Sie nur können – nehmen Sie dieselbe Haltung ein, machen Sie dieselben Bewegungen und sprechen Sie genauso.

Die Grundhaltung synchronisieren

Um die Grundhaltung zu synchronisieren – man nennt das auch multiple Kongruenz – muss man den Standort und die Stimmung mit einbeziehen. Dadurch unterstützen und stärken Sie Ihren Gesprächspartner, ähnlich wie man einem Freund „zur Seite steht", wenn er sich in einer schwierigen Situation befindet oder wie man einem Kind beisteht, das ein schlechtes Zeugnis nach Hause gebracht hat oder wenn man die überschwängliche Begeisterung seines Partners teilt, wenn er befördert worden ist. Wenn man „etwas gemeinsam durchsteht", besteht das Synchronisieren schon darin, dass man Verzweiflung oder auch Freude gleichzeitig und ähnlich äußert.

Erspüren Sie die Gefühle anderer. Synchronisieren Sie deren Bewegungen, deren Atemrhythmus und deren Gesichtsausdruck, indem Sie sich voll und ganz mit ihnen identifizieren. Stellen Sie sich auf ihre Grundstimmung ein, die man an ihrem Tonfall erkennen kann, und reflektieren Sie diese Stimmung.

Körpersprache synchronisieren

Wie Sie bereits wissen, macht die Körpersprache 55 Prozent unserer Kommunikation aus. Die Körpersprache ist der Kommunikationskanal, den man am leichtesten erkennen und synchronisieren kann und bei dem man die beste Wirkung erzielt. Wenn Sie aus diesem Buch nichts weiter lernen, als wie man die Körpersprache anderer synchronisiert, dann sind Sie schon Kilometer weiter als noch vor einem Monat.

Verhalten Sie sich so, wie es Ihnen natürlich erscheint

David war unterwegs, um ein Geburtstagsgeschenk für seine Frau zu kaufen. Nach langem Überlegen waren zwei Ideen übrig geblieben. Entweder der neueste Palm-Computer oder ein Bild für das Esszimmer.

Von dort, wo David sein Auto geparkt hatte, war es bequemer, zunächst zum Computerladen zu gehen. Zum Glück war der Laden zu dieser Tageszeit nicht so voll. David ging zum Tresen, wo ein Verkäufer im dunklen Anzug stand, nickte und lächelte. Soweit, so gut. Während der Verkäufer begann, die Unterschiede zwischen den neuesten Modellen zu erklären, stellte er seinen rechten Fuß auf einen Hocker, der irgendwo neben ihm stand. Dann lehnte er sich nachdenklich auf sein rechtes Knie und fuhr mit seinen Erklärungen fort. Plötzlich hatte David es sehr eilig, den Laden zu verlassen. Es war nicht so, dass er kein Interesse hatte, sondern es war diese machohafte Haltung, die so ganz im Gegensatz zu seiner eigenen Körperhaltung stand, was dazu führte, dass er sich unwohl fühlte.

Ganz anders lief es in der Kunstgalerie. David stand vor einem Bild, das seine Aufmerksamkeit erregt hatte, und nahm eine nachdenkliche Körperhaltung an: das Gewicht auf ein Bein verlagert, die Arme verschränkt, wobei eine Hand am Kinn und die andere an der Hüfte lag. Nach ungefähr einer Minute kam jemand und stellte sich still und leise neben ihn. Nach einer Weile hörte er eine sanfte, leise Stimme, die einfach nur sagte: „Schön, nicht?"

„Oh ja", sagte David nachdenklich.

„Wenn ich Ihnen helfen kann, sagen Sie nur Bescheid", sagte die Dame an seiner Seite und zog sich in einen anderen Teil des Raumes zurück.

> Innerhalb von fünf Minuten kaufte David das Bild. Es erschien ihm die natürlichste Sache von der Welt.
> *David fühlte sich wohl dabei, das Bild einfach nur anzuschauen. Die Frau war neben ihn geschlüpft, hatte dieselbe Körpersprache übernommen und dieselbe Haltung eingenommen. Sie schaffte eine nahtlose Verbindung, indem sie mühelos zur perfekten Synchronität fand: 55 % Körpersprache, 38 % Tonfall und 7 % Worte.*

Man kann das Synchronisieren von Körpersprache in zwei grobe Kategorien unterteilen: *kopieren*, was bedeutet, dass man dasselbe tut wie die andere Person (sie bewegt die linke Hand, Sie bewegen die linke Hand) und *spiegeln* was bedeutet, dass man sich so bewegt, als würde man die andere Person im Spiegel sehen (er bewegt die linke Hand, Sie bewegen die rechte Hand).

Vielleicht denken Sie jetzt, *aber werden die anderen es nicht merken, wenn ich ihr Verhalten kopiere?* Nein, das werden sie tatsächlich nicht, es sei denn, Sie agieren zu plump. Denken Sie daran, dass Ihre Bewegungen unauffällig und respektvoll sein müssen. Wenn jemand seinen Finger ins Ohr steckt und Sie dasselbe machen, ja dann wird derjenige das wahrscheinlich merken. Aber wenn sich jemand auf ein Gespräch konzentriert, wird er oder sie ein unauffälliges Synchronisieren nicht wahrnehmen.

Besondere Gesten. Hand- und Armbewegungen sind besonders leicht und unauffällig durch Kopieren oder Spiegeln zu synchronisieren. Manche Leute ziehen beim Reden die Schultern hoch; andere fuchteln mit den Händen herum. Machen Sie, was Ihr Gesprächspartner macht. Wenn Sie sich dabei anfänglich unwohl fühlen, machen Sie zu Anfang kleine Schritte, bis Sie ein bisschen Übung bekommen und schließlich der Fachmann in Sachen Synchronisieren werden. Schon die Tatsache, dass Sie diese unterschiedlichen Arten von Gesten erkennen, ist ein großer Schritt in die richtige Richtung – damit Sie in 90 Sekunden oder weniger beliebt sind.

Körperhaltung. Die Körperhaltung zeigt, wie sich jemand darstellen möchte. Sie gibt meistens guten Aufschluss über die emotionale Verfassung der Person. Deshalb sprechen wir bei der Körperhaltung auch nicht von Kopieren, sondern von Übernehmen. Wenn Sie die Körperhaltung einer anderen Person korrekt übernehmen, bekommen Sie eine gute Vorstellung davon, wie derjenige sich gerade fühlt.

Körperbewegungen. Egal, ob es um ein Vorstellungsgespräch oder um eine Unterhaltung mit dem Spendensammler des örtlichen Museums geht: Beobachten Sie die gesamten Körperbewegungen der betreffenden Person und dann kopieren und spiegeln Sie sie vorsichtig. Wenn sie ihre Beine kreuzt, kreuzen Sie Ihre; wenn sie sich an das Klavier lehnt, lehnen Sie sich ebenfalls dagegen. Wenn sie seitlich auf dem Bänkchen sitzt, setzen Sie sich ebenfalls seitlich hin; wenn sie mit den Händen an den Hüften dasteht, tun Sie dasselbe. Körperbewegungen wie Anlehnen, Gehen oder Umdrehen kann man leicht synchronisieren.

Kopfneigen und Nicken. Diese Bewegungen lassen sich am leichtesten synchronisieren. Modefotografen wissen, dass ein gutes Foto von den „Andeutungen" lebt, die durch einen leicht geneigten Kopf gemacht werden. Natürlich ist auch das Gesicht wichtig, aber die Kopfhaltung ist es, die eine Botschaft aussendet. Achten Sie einmal genau darauf. Die meisten guten Ärzte und Therapeuten stellen fest, dass sie Kopfneigen und Nicken synchronisieren, ohne auch nur darüber nachzudenken. Sie drücken damit aus: „Ich höre Sie. Ich verstehe, was Sie sagen und ich fühle mit Ihnen."

Gesichtsausdruck. Zusammen mit einem Kopfneigen und Nicken zeigen synchronisierte Gesichtsausdrücke Zustimmung und Verständnis. Diese Art der Synchronisation kommt ganz von alleine. Wenn jemand uns anlächelt, neigen wir automatisch dazu, zurückzulächeln. Wenn jemand vor Überraschung die Augen aufreißt, tun Sie dasselbe. Achten Sie beim nächsten gesellschaftlichen Anlass einmal darauf, wie diejenigen, die einen guten gemeinsamen Draht haben, das ständig tun. Das ist eine einfache und natürliche und gleichzeitig sichere Methode, um sich bei jemandem in 90 Sekunden oder weniger beliebt zu machen. Sie können sich auf die gleiche Anzahl und dieselbe Art von Blickkontakten einstellen. Das kann flüchtig, direkt oder anzüglich sein; was auch immer, nehmen Sie es auf und geben Sie es ebenso zurück.

Atmung. Achten Sie auf die Atmung. Ist sie langsam oder schnell? Wird hoch im Brustkorb oder tiefer im Bauch geatmet? Meistens erkennt man an den Schultern oder den Falten in der Kleidung, wie jemand atmet. Wenn man die Atmung seines Gegenübers synchronisiert, wirkt das beruhigend und tröstend.

Eine Übung zum Synchronisieren:
Synchron – asynchron – synchron

Für diese Übung brauchen Sie noch zwei weitere Personen: A und B. A handelt als Erster; B synchronisiert das Verhalten von A. Sie sind zunächst Regisseur.

Sitzend, stehend oder gehend unterhalten sich A und B über ein beliebiges Thema. A verteidigt seinen Standpunkt und gibt B ausreichend Möglichkeit, Körperbewegungen und Gesten zu synchronisieren. Nach ungefähr einer Minute sagen Sie den beiden, dass sie mit dem Synchronisieren aufhören sollen. Jetzt versucht B bewusst, die Bewegungen von

A nicht nachzumachen. Nach ungefähr einer Minute sollen Sie wieder eine kurze Pause machen und dann wieder synchron handeln, bevor die Übung beendet wird.

Jetzt tauschen Sie mit A oder B die Rolle. Jeder von Ihnen sollte einmal die Rolle der beiden anderen übernommen haben. Vergleichen Sie, was Sie nach jedem Durchgang empfunden haben. Wahrscheinlich werden Sie folgende Kommentare hören: „Als ich mich asynchron verhalten habe, hatte ich den Eindruck, als wäre eine riesige Mauer zwischen uns errichtet worden", und: „Als wir mit dem Synchronisieren aufhörten, nahm das Vertrauen schlagartig ab."

Sie können das auch einmal allein ausprobieren. Synchronisieren Sie jemanden ein paar Minuten lang und dann tun Sie eine Minute lang genau das Gegenteil von Ihrem Gegenüber und nach einer Minute synchronisieren Sie sie oder ihn wieder. Springen Sie bewusst mehrmals hin und her und achten Sie auf den Unterschied; er wird erheblich sein.

Führen

Wenn Sie mit einem Freund zusammensitzen und reden, schlägt einer von Ihnen beispielsweise die Beine übereinander und der andere tut, ohne nachzudenken, dasselbe. Das bedeutet, dass einer von Ihnen der Führung des anderen folgt, was ein sicheres Zeichen dafür ist, dass Sie beide einen gemeinsamen Draht haben.

Während Sie schnell Übung im Synchronisieren bekommen, können Sie einmal testen, wie gut der Draht zu Ihrem Gegenüber schon ist. Unabhängig davon, was vorher abgelaufen ist, machen Sie nach drei oder vier Minuten ohne, dass Ihr Gegenüber das bewusst wahrnimmt, eine Bewegung, die aus dem Rahmen fällt – falten Sie die Arme und neigen Sie beispielsweise den Kopf. Wenn der andere Ihnen folgt, dann herrscht Synchronität und Sie haben einen gemeinsamen Draht, was dazu führt, dass der andere jetzt *Ihnen* folgt. Wenn Sie Ihren Kopf neigen, neigt er seinen. Wenn Sie die Beine übereinander schlagen, tut er dasselbe. Ändern Sie einfach Ihr Verhalten – machen Sie eine Bewegung, ändern Sie Ihren

> Tonfall – und beobachten Sie, ob der andere Sie kopiert oder spiegelt. Auf diese Weise können Sie prüfen, ob Sie eine gute Beziehung zueinander aufgebaut haben. Wenn der andere Ihnen nicht folgt, synchronisieren Sie ein paar Minuten lang wieder sein Verhalten und probieren Sie es nach einiger Zeit noch einmal, bis es funktioniert.

Ich erzähle Freiwilligen, die Krebspatienten Beistand leisten, wie sie zu ihren Schützlingen eine gute Beziehung aufbauen können. Das ist das Erste, worauf ich sie hinweise. Atmen Sie mit ihnen ein und aus. Wenn Sie sprechen, tun sie es, während Ihr Schützling ausatmet – das hat eine sehr beruhigende Wirkung.

Rhythmus. Dieselbe Regel gilt für alles Rhythmische. Wenn er mit dem Fuß auftippt, tippen Sie mit dem Schreiber auf; wenn er mit dem Kopf nickt, klopfen Sie sich leicht auf den Schenkel. In der passenden Situation und bei vorsichtiger Anwendung funktioniert das hervorragend, solange es nicht bewusst wahrgenommen wird. Ansonsten ist das Nächste, was Sie hören, vielleicht das Zuschlagen einer Tür – oder Schlimmeres. Benutzen Sie einfach Ihren gesunden Menschenverstand und ein bisschen Diskretion.

Die Stimme synchronisieren

Die Stimme macht 38 Prozent der Kommunikation zwischen zwei Menschen aus. Sie spiegelt wider, wie jemand sich fühlt, also seine oder ihre Stimmung. Jemand, der verwirrt ist, hört sich verwirrt an. Jemand der neugierig ist, hört sich neugierig an. Sie können lernen, diese Stimmungen zu synchronisieren.

Tonfall. Achten Sie einmal darauf, welchen Rückschluss der Tonfall auf die Stimmung einer Person zulässt. Passen Sie sich dieser Stimmung an, verschaffen Sie sich ein Gefühl dafür und benutzen Sie denselben Tonfall.

Lautstärke. Spricht der andere laut oder leise? Beim Anpassen der Lautstärke geht es nicht so sehr darum, was passiert, wenn man sich anpasst, sondern was passiert, wenn man es *nicht* tut. Wenn Sie von Natur aus laut und erregt sprechen und Sie treffen auf jemanden, der eher leise und reserviert ist, ist es selbstverständlich, dass derjenige sich wohler fühlt, wenn sein Gesprächspartner genauso leise spricht. Andererseits würde ein joviales, schulterklopfendes Großmaul mehr Gemeinsamkeiten mit jemandem entdecken, der genauso viel Überschwang ausstrahlt wie er.

Geschwindigkeit. Spricht der andere schnell oder langsam? Ein nachdenklicher, langsam sprechender Mensch kann durch einen schnellen Redner ganz durcheinander gebracht werden, genau wie ein langsamer, bedächtiger Redner einen Schnelldenker völlig aus dem Trott bringen kann. Mit derselben Geschwindigkeit zu sprechen wie der Gesprächspartner ist genauso sinnvoll, wie mit derselben Geschwindigkeit zu gehen.

Intonation. Geht die Stimme rauf und runter? Der Tonfall ist eine Möglichkeit, das Energieniveau eines anderen zu verändern. Wenn Sie Ihre Stimme heben und lauter sprechen, wirken Sie aufgeregter. Wenn Sie sie senken und leiser sprechen, wirken Sie ruhiger, bis zur Intimität eines Flüsterns.

Rhythmus. Spricht der andere fließend oder abgehackt? Manche Menschen haben eine melodische Sprache, andere eine pragmatisch-methodische.

Worte. Hier noch eine wirkungsvolle Möglichkeit, einen anderen zu synchronisieren, nämlich indem wir seine häufig benutzten Worte übernehmen. In diese faszinierende Welt werden wir in Kapitel 9 eintauchen. Das Synchronisieren gibt Ihnen die Möglichkeit, sich in großem Maße mit dem anderen zu identifizieren und seine Beweggründe besser zu verstehen.

Üben Sie das Synchronisieren bei all Ihren Aktivitäten, ob im Bewerbungsgespräch, an der Bushaltestelle, im Umgang mit Ihren Kindern, beim Gespräch mit einem aufgebrachten Kunden, dem Kassierer in der Bank, dem Blumenverkäufer oder mit dem Barkeeper in Ihrer Kneipe. Es ist sehr unwahrscheinlich, dass Ihnen irgendwann einmal die Gesprächspartner ausgehen. Während der nächsten paar Tage sollte das Synchronisieren Bestandteil Ihres Alltags werden, bis Sie es mühelos beherrschen und es Ihnen zur zweiten Natur wird.

Teil 3:

Die Geheimnisse der Kommunikation

7

Reden ist nicht alles – Zuhören können ist wichtig!

So, geschafft!

Sie haben sich gerade mit jemandem bekannt gemacht. Sie haben daran gedacht, offene Körpersprache einzusetzen und darauf zu achten, dass Körper, Tonfall und Worte alle dasselbe aussagen. Sie haben zuerst den Blickkontakt gesucht und Sie haben zuerst gelächelt. Sie haben sich vorgestellt und – oh Wunder – es sind schon drei Sekunden vergangen und Sie können sich noch immer an den Namen Ihres Gesprächspartners erinnern. Sie haben mit dem Synchronisieren begonnen und Sie sind zuversichtlich, dass Sie dabei sind, einen gemeinsamen Draht zu Ihrem Gegenüber aufzubauen. Und jetzt?

Zeit für Konversation! Die Konversation ist eine wichtige Methode, um Beziehungen aufzubauen und freundschaftliche Bande zu verstärken. Zu einer Konversation gehören zwei gleich wichtige Teile: Reden und Zuhören. Oder, wie Sie bald merken werden, Fragen stellen und aktiv Zuhören.

Vielleicht waren Sie schon einmal in einer Situation, wo Sie mit jemandem reden wollten, aber plötzlich kein Wort herausbrachten. Oder Ihnen ist das Herz in die Hose gerutscht, weil Sie im Flugzeug den Sitz neben einem sehr interessant aussehenden Menschen haben, aber nicht wissen, wie Sie ein Gespräch anfangen sollen, ohne sich zu blamieren. *Was wird der andere von mir denken? Bin ich langweilig? Bin ich aufdringlich?* Und vor allem: *Wie soll ich anfangen?*

Der Trick besteht darin, den anderen zum Reden zu bringen und herauszufinden, was ihm wichtig ist und sich dann darauf einzustellen. Hier kommt der Smalltalk ins Spiel, die ideale Ausgangsbasis, um neue Beziehungen zu knüpfen. Hier begeben Sie sich auf die Suche nach gemeinsamen Interessen und anderen Sprungbrettern für eine gute Beziehung. Im Gegensatz zum Bigtalk, wo man über nukleare Abrüstung und Politik redet, geht es beim Smalltalk um alles andere: Ihre persönliche Homepage, die Renovierung des Badezimmers, Strafzettel für zu schnelles Fahren oder die Farbe des neuen Sportwagens Ihrer Cousine Marita.

Hören Sie auf zu reden, fangen Sie an zu fragen!

Wenn wir Konversation betreiben, geht es darum, andere zu öffnen und herauszufinden, was dahinter steckt, eine Botschaft zu vermitteln oder beides. Und Fragen sind die Zündkerzen einer Unterhaltung. Achten Sie aber darauf, dass es zwei Arten von Fragen gibt: solche, die den anderen „aufschließen" und solche, die ihn verschließen. Fragen haben eigentlich immer die gewünschte Wirkung, also passen Sie auf, dass Sie wissen, welche Frage welche Wirkung hat.

Hier der Unterschied. Offene Fragen erfordern eine Erklärung und bringen den anderen dazu, das Reden zu übernehmen. Geschlossene Fragen rufen lediglich ein „Ja" oder „Nein" hervor. Das Problem bei geschlossenen Fragen ist, dass Sie, sobald die Antwort gekommen ist, wieder ganz am Anfang stehen und sich eine neue Frage ausdenken müssen, um das Gespräch in Gang zu halten.

Eine einfache Formel für den Beginn eines Gesprächs: Beginnen Sie mit einer allgemeinen Aussage über den Ort, an dem Sie sich befinden oder die Situation und dann stellen Sie eine offene Frage.

Es ist immer gut, einer offenen Frage eine einleitende Feststellung vorauszuschicken. Wenn man eine Beziehung anknüpfen möchte, ist es am besten, eine Feststellung zu treffen, die sich auf etwas bezieht, das man bereits gemeinsam hat: das Meeting oder die Party, auf der Sie sich befinden, ein interessantes Ereignis aus dem Tagesgeschehen, sogar das Wetter bringt einen manchmal schon weiter! Wir nennen das Orts-/Situations-Aussage. Hier sind folgende Beispiele denkbar: „Was für ein wunderschöner Raum." „Sehen Sie sich nur das riesige Buffet an." „Der Service ist ja wirklich fantastisch." „Meine Frau kann ein paar Ihrer Klavierstücke auswendig spielen." Und Ähnliches.

Als Nächstes kommt die offene Frage: „Was meinen Sie, woher kommen wohl die Vasen?" „Wie gut kannten Sie ihn?" Allein die Tatsache, dass Sie eine offene Frage gestellt haben, garantiert Ihnen, dass Sie sehr schnell ein paar kostenlose Informationen bekommen.

Benutzen Sie einleitende Worte. Eine gute Unterhaltung ist wie ein lockeres Tennismatch, bei dem die Worte so lange hin und her geschlagen werden, wie das gegenseitige Interesse vorhält. Wenn die Worte ins Aus gehen, ist es Zeit für einen neuen Aufschlag. Eine offene Frage ist wie ein gut gespielter Aufschlag.

Offene Fragen beginnen mit einem der folgenden sechs Wörter: *Wer? Wann? Was? Warum? Wo? Wie?* Diese Worte fordern eine Erklärung, eine Meinung oder ein Gefühl: „Woher wissen Sie das?" „Wer hat Ihnen das erzählt?" „Was glauben Sie, wo diese Information her kommt?" „Wann sind Sie zu dieser Schlussfolgerung gekommen?" „Warum sollte mich das interessieren?" „Was bringen diese Worte?" Sie helfen uns, wenn wir versuchen, Beziehungen zu knüpfen und Menschen kennen zu lernen, weil der andere sich verpflichtet fühlt, zu reden und sich als Erster zu öffnen.

Sie können eine Unterhaltung noch weiter ankurbeln, indem Sie Verben der Sensorik einstreuen, wie beispielsweise sehen, empfinden, fühlen. Dadurch bringen Sie den Gesprächspartner dazu, seine Fantasie zu bemühen und etwas Persönliches von sich preiszugeben. „Wo *sehen* Sie sich nächstes Jahr um diese Zeit?" „Was haben Sie empfunden, als Sie nach Bali gefahren sind?" „Was *halten* Sie von Calamares?"

Vermeiden Sie verschließende Worte. Wenn Sie solche Worte verwenden, werden Sie bald ganz alleine auf dem Tennisplatz stehen und Bälle gegen die Wand schlagen. Das Gegenteil von öffnenden Worten sind verschließende Worte: Sind Sie …? Gehen Sie …? Haben Sie …?

Mit anderen Worten, jede Frageform mit den Verben „sein", „haben" und „tun" mindern Ihre Chancen, durch eine gute Unterhaltung eine Beziehung zu Ihrem Gegenüber knüpfen zu können. Solche Fragen rufen lediglich eine einsilbige Antwort hervor: „ja" oder „nein". Und dann? Sie müssen noch eine Frage stellen. Das bringt Sie aber nicht weiter:

„Sind Sie sicher?"

„Ja."

„Kommen Sie oft hierher?"

„Nein."

„Haben Sie schon einmal darüber nachgedacht, wie toll es wäre, einfach alles stehen und liegen zu lassen und einfach mal mitten in der Woche Bungeejumping zu machen?"

„Ja."

„Haben Sie schon mal festgestellt, egal wie lang und interessant Ihre Fragen sind, wenn Sie mit einem geschlossenen Wort beginnen, bekommen Sie eine einsilbige Antwort?"

„Oh."

Machen Sie einmal einen ganzen Tag lang nichts anderes als Fragen zu stellen und Fragen mit Gegenfragen zu beantworten. Sehr schnell werden Sie verstehen, wovon ich spreche.

Um fair zu bleiben: Geschlossene Fragewörter haben ihre Berechtigung – bei Polizeiverhören, beim Zoll und bei anderen Befragungen. Hier werden die Fragenden angewiesen, geschlossene Fragen zu stellen, um eindeutige Antworten zu bekommen. Allerdings muss ich alle, die schon einmal das Vergnügen hatten, so befragt worden zu sein, daran erinnern, dass diese Fragetechnik wohl kaum dazu geführt hat, dass Sie den Fragenden in 90 Sekunden oder weniger sympathisch fanden!

Zufällige Begegnungen

Es gibt Situationen, in denen Sie plötzlich jemandem begegnen, der einfach zu toll ist, um wahr zu sein. Diese seltenen Momente scheinen immer genau mit der Sekunde zusammen zu fallen, in der einem das Gehirn einfriert und man verblödet: *Oh Hilfe, was sag ich bloß? Was soll ich tun? Wo soll ich hingucken? Was werden die Leute denken?* Machen Sie nur weiter mit dieser Selbstbefragung und Sie werden ganz schnell ins Schwitzen kommen, das Herz wird rasen, Ihr Gesicht läuft rot an und Ihre ganze Körpersprache ist außer Kontrolle.

Am einfachsten sind solche Situation noch dann zu bewältigen, wenn Sie zwei an einem bestimmten Ort zusammentreffen: wenn Sie nebeneinander im Zug, Flugzeug oder Bus sitzen, wenn Sie gemeinsam in einem Fahrstuhl fahren, wenn Sie in einem Waschcenter oder einer Hotellobby warten, wenn Sie auf einer Messe auf benachbarten Ständen arbeiten oder am Obststand im Supermarkt prüfen, ob eine bestimmte Frucht schon reif ist. In diesen Fällen haben Sie jedenfalls schon etwas gemeinsam, was man als Ausgangspunkt nehmen kann.

„Hi", „Hallo" oder „Guten Morgen" sind, gepaart mit einem Lächeln, gute Ausgangspositionen und eine tolle Möglichkeit, eine Reaktion hervorzurufen. Ein erwidertes Lächeln ist ein gutes Zeichen dafür, dass Sie auf dem richtigen Weg sind. Machen Sie es nicht zu kompliziert, seien Sie nicht aufdringlich, bleiben Sie herzlich, locker und fröhlich. Kommen Sie der anderen Person nicht zu schnell zu nahe und werden Sie nicht zu persönlich oder Sie werden ausgeschlossen. Sie wollen ja schließlich, dass die andere Person zu Hause erzählt: „Heute morgen hab ich diesen netten Typen getroffen", und nicht: „Dieser ekelhafte Perverse hat versucht mich anzubaggern".

Wenn Sie dann sicher sind, dass der andere wie gewünscht auf Ihr Verhalten reagiert, können Sie noch ein paar speziellere öffnende Sätze sagen. Natürlich funktioniert ein offener Satz am besten, wenn es sich dabei um eine offene Frage handelt, aber Sie werden nicht immer in der Lage sein, eine Frage zu finden, die sich in der jeweiligen Situation natürlich anhört. Manchmal muss man mit einer geschlossenen Frage oder einer Orts-/Situations-Aussage beginnen: „Wissen Sie, wann die Banken heute schließen?" Oder: „Puh, das ist vielleicht ein Sturm." Also denken Sie daran, eine offene Frage bereitzuhalten, für den Fall, dass Sie als Antwort nur ein „ja" oder „nein" bekommen.

Nachstehend finden Sie ein paar Gesprächseröffnungen, die Sie ausprobieren können, wenn Sie sich begrüßt oder ein Lächeln ausgetauscht haben. *Sie sollten diese immer mit einer Orts-/Situations-Aussage einleiten!*

Überall
Wo kommen Sie her?
   Ich war hier noch nie. Wie ist es so?
   Und was hat Sie hierher verschlagen?

Im Zug, Flugzeug oder Bus
Wie lange bleiben Sie in Düsseldorf/Londen/Mallorca?
   Wo kommen Sie her?
   Haben Sie schon immer hier gelebt? *Wenn ja, probieren Sie:* Ich war hier noch nie. Wie ist es so? *Wenn nein:* Und wo haben Sie noch gelebt?
   Wie lange dauert Ihre Reise?
   Was halten Sie von den neuen Intercity-Zügen/Air Italia/diesen neuen Reisebussen?
   Ein interessanter Hinweis am Rande: Wenn sich zwei Amerikaner zum ersten Mal begegnen, fragen Sie meistens: „Und was machen Sie beruflich?", während Europäer meistens fragen: „Und wo kommen Sie her?"

Im Supermarkt
Wenn Sie beide in der Schlange am Fischstand stehen, auf eine Nudeldekoration starren oder an den Avocados herumdrücken, haben Sie bereits etwas gemeinsam.
   Woher weiß man, ob da genug Muscheln in der Tüte sind, um zwei Leute satt zu bekommen?
   Können Sie mir den Unterschied zwischen frischer Pasta und dem Zeug aus Tüten erklären?
   Woran erkennt man, ob die Dinger reif sind?
   Wissen Sie, wo hier die Tüten für das Gemüse sind?
   Haben Sie diese Sauce/dieses Eis/diese Pilze schon mal probiert? *Wenn ja:* Wie schmecken die? Wie sind die? *Wenn nein:* Können Sie eine andere Sorte empfehlen?
   Wie lange muss man ein Hähnchen von dieser Größe wohl grillen?

Ich hab vergessen, eingelegte Calamares einzupacken. Könnten Sie mir bitte den Platz in der Schlange freihalten? *(Das kann ein toller Eisbrecher sein, weil Sie einen Grund haben, weiter mit der Person zu plaudern, wenn Sie zurückkommen, und sei es nur über die Calamares. Allerdings sollten Sie nicht zu lange wegbleiben, sonst verärgern Sie den anderen möglicherweise.)*

In einer Hotellobby
Wissen Sie, wo man hier einen Stadtplan bekommt?
Haben Sie hier schon einmal übernachtet? *Wenn ja:* Wie ist es so? *Wenn nein:* Ich auch nicht. Und warum haben Sie sich für dieses Hotel entschieden?
Kennen Sie diese Stadt? *Wenn ja:* Ich bin nur einen Tag lang hier. Was meinen Sie, was man unbedingt gesehen haben muss? *Wenn nein:* Und was verschlägt Sie hierher?

Bei einer Versammlung
Wo sind Sie denn her?
Welche Seminare haben Ihnen bisher am besten gefallen?
Kennen Sie ein gutes Restaurant außerhalb des Hotels?
Wie fanden Sie den Eröffnungsredner?
Ich hole mir einen Kaffee. Soll ich Ihnen einen mitbringen? *(Anmerkung: Dieser Schachzug funktioniert in zahllosen Situationen, wenn man herausfinden möchte, ob der andere interessiert ist. Meistens, wenn er kein Interesse an einer Unterhaltung mit Ihnen hat, wird er den Kaffee ablehnen. Wenn er annimmt, ist er zu weiteren Interaktionen bereit.)*

Im Waschcenter
Wo bekommt man denn hier das Wechselgeld?
Wissen Sie, wo ich Briefmarken/Orangensaft/Katzenfutter bekomme?
Ich hole mir einen Kaffee – möchten Sie auch einen? *(Siehe oben.)*
Denken Sie das färbt ab, wenn ich diese Farben mische?

Im Kino/Theater/Konzert
Warum sind Sie in diesen Film/dieses Stück/dieses Konzert gegangen?

Sind Sie hier um Neve Campbell oder – wie heißt der andere Star nochmal – zu sehen?

Wie fanden Sie den letzten Film/das letzte Stück/die letzte CD des Schauspielers/Autors/Musikers?

In einer langen Warteschlange: Können Sie mir den Platz freihalten, damit ich mir einen Kaffee holen kann? Soll ich Ihnen einen mitbringen?

Bei einer Ausstellung/im Museum/bei einer Messe
Wow, was halten Sie *davon*?

Wissen Sie, wo die Oldtimer-Lokomotiven sind?

Was hat Ihnen hier bisher am besten gefallen?

Haben Sie schon den Riesenkürbis gesehen?

Beim Gassigehen mit dem Hund
Oh, der ist aber hübsch. Was ist das denn für eine Rasse?

Tolle Leine. Wo haben Sie die denn her?

Und wie sind Chihuahuas denn nun in Wirklichkeit?

Tipp: Hundebesitzer treffen sich häufig in öffentlichen Parks, aber schaffen Sie sich keinen Hund an, wenn Sie Tiere nicht wirklich lieben!

Wenn Sie zufällig jemanden treffen, der Ihnen zwar bekannt ist, bei dem Sie aber bisher nie den Mut gefunden haben, ihn anzusprechen
Hi, ich hab zwei Tickets für ein Theaterstück/den Zirkus/einen Literaturabend und ich hab mich gefragt, ob Sie nicht mitkommen wollen.

Hi, ich bin wirklich aufgeregt, aber ich würde Sie gerne zu einem Kaffee einladen.

In all diesen Situationen sollten Sie dem anderen drei Chancen zur Reaktion geben. Wenn er oder sie nach drei

Fragen oder Kommentaren noch immer nicht begeistert reagiert, machen Sie sich nicht zum Narren. Ziehen Sie sich würdevoll aus der Situation zurück, indem Sie etwas Schlichtes sagen, wie: „Schönen Tag noch", „Viel Spaß bei der Vorstellung", „Genießen Sie den Rest des Fluges/der Reise/der Ferien" oder was sonst gut passt.

Gratisinformationen

Eigentlich ist es ganz einfach, von einem Fremden Informationen zu bekommen, ohne etwas dafür zu tun. Damit meine ich nicht, dass Sie die Kreditkartennummer von jemandem herausfinden sollen. Mit Informationen meine ich Name, Interessen, Lebenssituation und so weiter. Wie Sie noch sehen werden, ist jeder mehr als bereit, diese Informationen zu geben, wenn man angemessen danach fragt.

Die meisten Menschen werden sogar Ihrer Führung folgen, wenn Sie selbst bereitwillig Informationen geben. Deshalb müssen Sie Ihren Namen zuerst nennen. Und je mehr Sie geben, desto mehr wird auch Ihr Gegenüber zu geben bereit sein.

Wenn Sie sagen: „Hi, ich bin Carlo", dann bekommen Sie als Antwort wahrscheinlich zu hören: „Hi, ich bin Paul."

Wenn Sie sagen: „Hi, ich bin Carlo Krämer", werden Sie wahrscheinlich: „Hi, ich bin Paul Müller" hören.

Und wenn Sie sagen: „Hi, ich bin Carlo Krämer, ein Freund von Gerd", dann wird Ihr Gegenüber wahrscheinlich etwas Ähnliches wie: „Hi, ich bin Paul Müller und ein Kollege von Gerds Frau", sagen.

Wenn Sie Ihrem Namen weitere Informationen hinzufügen, werden die meisten Menschen entsprechend reagieren, weil Sie ihnen dazu die Gelegenheit geben.

Verpasste Hinweise

Mike kommt fünf Minuten früher am Bahnhof an als sonst. Es ist ein warmer, nebliger Morgen und ungefähr noch 20 andere Menschen stehen auf dem Bahnsteig. Die meisten der regelmäßigen Pendler sind noch nicht da. Mike klemmt sich die Zeitung unter den Arm, rührt mit einem Plastiklöffel seinen Kaffee um, dreht sich um und schnippt den Löffel erfolgreich in den Papierkorb hinter ihm. Als er zurück zu seinem Stammplatz geht, bemerkt er eine brünette junge Frau in einem dunkelgrauen Kostüm, die auf ihn zukommt. Die Frau hält ungefähr drei Meter von ihm entfernt an und setzt sich auf eine Bank. Vorsichtig stellt sie ihre Aktentasche neben sich und schaut auf die Uhr.

Mike wirft einen vorsichtigen Seitenblick auf sie, wobei er die Augen leicht schließt und die Lippen anerkennend schürzt. Er kommt so oft in ähnliche Situationen wie diese, dass er sie schon gar nicht mehr zählt: Er erspäht eine Frau und wünscht sich, auf sie zuzugehen und sie anzusprechen, stattdessen wird er ganz steif vor Angst, wenn er sich vorstellt, den Kontakt zu suchen. Dieses Mal erinnert er sich daran, dass er nichts weiter will, als eine Unterhaltung zu beginnen und die Frau dazu zu bewegen, mit ihm zu reden. Sein Ziel ist nicht, heute abend mit ihr auszugehen oder nächstes Wochenende mit ihr in den Urlaub zu fahren oder sie Ende des Monats zu heiraten. Er möchte nur ein paar Worte sagen, um herauszufinden, ob sie ihm freundlich gesinnt ist. Er sagt das, was ihm in dieser Situation am einfachsten erscheint: „Hallo, macht es Ihnen etwas aus, wenn ich mich dazusetze?"

Die Frau rutscht leicht nach links. „Nein, es macht mir nichts aus", murmelt sie und Mike setzt sich.

„Ich habe Sie hier auf dem Bahnhof noch nie gesehen", sagt er.

„Das ist mein erster Tag", antwortet sie. „Ich fange heute einen neuen Job in einer Werbeagentur in der Stadt an."

„Zu dieser Zeit ist der Zug manchmal ganz schön voll", sagt Mike. „Aber manchmal hat man auch Glück und kann die ganze Zeit sitzen."

Mike hat die Gratisinformation, die sie ihm gab, verpasst. Der erste Tag in einer Werbeagentur. Er hätte das aufgreifen und mit den Fragewörtern beginnen sollen: wo, was, warum, wann, wo, und wie. Was ist Ihre Aufgabe? Wer sind die wichtigsten Kunden? Wo ist die Agentur? Wie sind Sie an den Job gekommen?

Na gut, probieren wir es einmal aus der Sicht der Frau:

Dorita, Website-Programmiererin, geht auf dem Bahnsteig entlang und sieht einen attraktiven, aber müde aussehenden Mann, der auf einer Bank sitzt. Sie setzt sich neben ihn und stellt fest, dass er den neuesten Krimi von P.D. James liest. P.D. James ist ihre Lieblingsautorin! Er lächelt sie an, als sie sich setzt und weil sie weiß, dass sie etwas gemeinsam haben, lächelt sie zurück.

Aber der Mann ist schon wieder in sein Buch vertieft. Dorita beschließt voranzupreschen.

„Und, sind Sie P.D. James Fan?"

„Nein", sagt der Mann. „Können Sie sich vorstellen, dass das erst der zweite Krimi ist, den ich je gelesen habe?"

„Wie kommt das denn?"

„Ich habe nicht so viel Zeit zum Lesen. Ich bin Hospitant in einem Krankenhaus in der Stadt."

„Naja, ich habe schon all ihre Bücher gelesen. Sie ist meine Lieblings-Krimiautorin. Aber Dick Francis finde ich auch gut."

Welche Reaktion kann Dorita schon erwarten? Das Letzte, was aus ihrem Mund kommt, ist eine Reihe von Kommentaren, keine Fragen. Dorita war mit ihrer zweiten Frage „Warum" schon auf dem richtigen Weg, aber dann ignorierte sie die Information, die Joel ihr gegeben hatte. Stattdessen sprach sie weiter über sich. Wenn sie aktiv zugehört hätte, hätte sie nachfragen können „Welches Hospital? In was hospitieren Sie? Warum haben Sie sich für diesen Zweig entschieden?" – die „wo"-, „was"- und „warum"-Fragen, die zu einer weiteren Unterhaltung hätten führen können.

Wenn die anderen nicht reagieren, haben Sie wenigstens die notwendigen Voraussetzungen geschaffen. Der andere weiß, was Sie wollen, also brauchen Sie ihn nur ein bisschen zu ermuntern. Eine hochgezogene Augenbraue oder ein einfaches „Und Sie?" kann da schon weiterhelfen.

Die Idee dabei ist, so viele Informationen dadurch zu bekommen, dass man selbst zuerst Informationen über sich selbst preisgibt. Sie können diese Informationen nutzen, um die Beziehung zu Ihrem Gegenüber zu vertiefen und zu festigen. Darauf sollten Sie sich konzentrieren, denn nur das bringt Sie wirklich weiter.

Aktives Zuhören

Zuhören ist die zweite Seite der Konversationsmünze. Als guter, aktiver Zuhörer müssen Sie zeigen, dass Sie sich wirklich für Ihren Gesprächspartner interessieren. Ein guter, aktiver Zuhörer ist man dann, wenn man sich ernsthaft bemüht, aufzunehmen, was die andere Person sagt und fühlt.

Zuhören ist etwas anderes als hören. Sie können ein Cello als Bestandteil eines Orchesters *hören*, oder Sie können demselben Cello *zuhören*, wenn Sie sich auf jede einzelne Note konzentrieren und jede kleinste Emotion aufsaugen.

Aktives Zuhören ist das aktive Bemühen, die Fakten und die Hintergründe dessen zu erfassen und zu verstehen, was gesagt wird. Das bedeutet nicht, dass man seine eigene Meinung aufgeben und seine Gefühle vernachlässigen soll, sondern dass man die Aufgabe hat, so viel Mitgefühl wie möglich zu zeigen. Sie können zeigen, wie viel Sie verstanden haben, indem Sie entsprechende Rückmeldung geben. Hören Sie mit den Augen zu. Hören Sie mit dem Körper zu. Nicken Sie. Schauen Sie den Sprechenden an. Die Körperhaltung sollte offen und dem Sprechenden zugewandt sein. Ermutigen Sie den Sprechenden auch durch Worte.

Allerdings sollte man hier unterscheiden, ob jemand nur wie ein Papagei zuhört und alles nachplappert oder wirklich aktiv zuhört. Beim Nachplappern gibt der Zuhörer lediglich eine mehr oder weniger genaue Version dessen wieder, was ein anderer gerade gesagt hat.

Paul: „Und wie hat dich das schreckliche Wetter beeinflusst, das wir in letzter Zeit hatten?"

Katja: „Ich liebe solche Hitzewellen, aber der Mann, mit dem ich im Moment zusammen bin, droht, ohne mich nach Alaska zu ziehen und ich glaube, er meint es wirklich ernst."

Paul: „Hört sich an, als müsstest du nach Alaska ziehen, wenn du mit dem Mann zusammenbleiben willst, obwohl du Hitzewellen liebst."

Beim aktiven Zuhören hätte der Zuhörer auf die Gefühle reagiert:

Paul: „Hört sich an, als würdest du gerade vor einer großen Entscheidung stehen. Macht dich das nicht nervös? Wie wirst du damit fertig?"

Einfach ausgedrückt: Beim Nachplappern hört es sich nur so an, als würde man zuhören, während beim aktiven Zuhören die Sprecher *fühlen*, dass Sie zuhören und *fühlen*, dass sie Ihnen etwas bedeuten.

Verbales Feedback. Gehen Sie dem, was gesagt wird, auf den Grund. Diese Art von Feedback reicht von „instinktiven Seufzern" und „internationalem Grunzen" wie „wow", „aha", „oh" und „hm" (wie Sie sich vorstellen können, sind die in einem Buch schwer wiederzugeben) bis zu Gefühlsausbrüchen wie „Nein, wirklich!" „Und dann?" und „Das glaub ich nicht. Und was hat sie dann gemacht?" In einer Unterhaltung ist jede Art von Ermutigung willkommen;

sie hält den Ball am Rollen und zeigt, dass Sie zuhören, auch wenn Sie nicht viel sagen.

Geben Sie körperliches Feedback. Zeigen Sie eine offene, ermunternde Körpersprache. Nicken Sie zustimmend und stellen Sie möglichst viel Blickkontakt her, allerdings dürfen Sie den anderen nicht anstarren. Schauen Sie hin und wieder gedankenverloren weg (wenn man hin und wieder seine Hände anschaut, vermittelt man den Eindruck der Teilnahme). Wenn Sie auf einem Stuhl sitzen, rutschen Sie auf die Vorderkante und schauen Sie interessiert oder begeistert drein. Wenn Sie stehen, stellen Sie sich so hin, dass Ihr Herz zu Ihrem Gesprächspartner weist. Nicken Sie hin und wieder, schauen Sie nachdenklich, überrascht oder amüsiert oder was auch immer Ihre absolut nützliche Grundeinstellung als angemessen erscheinen lässt.

Geben und Nehmen

Wenn Sie ein bisschen mehr Übung darin haben, wird Ihnen das Smalltalken zur zweiten Natur werden. Hier noch ein paar praktische Tipps zur weiteren Übung: Als Erstes müssen Sie, wie immer, Ihre absolut nützliche Grundeinstellung einnehmen. Seien Sie neugierig und mitfühlend. Ermutigen Sie Ihren Gesprächspartner dazu, mit Ihnen zu reden, indem Sie ehrlich gemeintes Feedback geben. Versuchen Sie, gemeinsame Interessen, Ziele oder Erfahrungen zu finden und kommunizieren Sie mit Begeisterung, Hintergrundwissen und Interesse.

Sinnlos ist es, dieselbe Sache immer und immer wieder zu machen und jedes Mal ein anderes Ergebnis zu erwarten.

Gleichzeitig müssen Sie Ihre Seite der Unterhaltung aufrechterhalten. Sprechen Sie klar und deutlich. Wenn Sie langsamer sprechen, gibt Ihnen das ein sichereres Gefühl. Auch eine vorsichtige Kostprobe Ihres Sinns für Humor vermittelt Selbstbewusstsein. Es hilft, wenn Sie über aktuelle politische Geschehnisse auf dem Laufenden sind, also lesen Sie regelmäßig die Zeitung und informieren Sie sich über das, was in der Welt geschieht – zumindest über die Großereignisse.

Facettenreich reden

In jeder Unterhaltung – egal ob Bigtalk oder Smalltalk – geht es darum, für andere Wortgemälde von Ihren Erlebnissen zu erstellen. Je lebhafter Sie diese Erlebnisse beschreiben können, desto interessanter werden Ihre Gesprächspartner Sie finden.

Hier eine brauchbare Beschreibung eines alltäglichen Ereignisses: „Wir standen mehr als 20 Minuten in der Schlange am Taxistand. Ich hatte so die Nase voll."

Hier gibt es nichts, was die Fantasie des Zuhörers anregt. Anstatt in schwarz-weiß zu reden, lernen Sie, in Farbe zu reden. Beziehen Sie so viele Sinne wie möglich in Ihre Erzählungen ein. Beschreiben Sie, wie die Dinge aussehen, wie sie sich anhören, welches Gefühl sie vermitteln und gegebenenfalls, wie sie riechen und schmecken.

„Es war schon komisch zwischen all diesen Leuten schweigend dazustehen. Der Regen hatte gerade aufgehört und mein Mantelkragen war ganz nass. Die Lichter der Gebäude spiegelten sich in den Pfützen und der Eisverkäufer hinter uns befreite seinen Stand von den Wasserlachen auf dem Tresen ..."

Das ist eine sensorische, facettenreiche Sprache, die genügend Freiraum für Fantasie lässt – für Ihre genauso wie für die der Zuhörer.

In meinen Seminaren lasse ich die Teilnehmer ihren „10-Sekunden-Werbespot" einstudieren. Eigentlich geht es lediglich darum, anderen in wenigen Sätzen mitzuteilen, wer man ist und was man tut. Seien Sie Sie selbst. Die Menschen werden Sie, so wie Sie sind, mögen. Je mehr Sie lernen, sich zu entspannen, desto leichter wird Ihnen das fallen.

Mit Komplimenten umgehen

Akzeptieren Sie großzügig jedes Kompliment. Tun Sie es einfach. Tun Sie es direkt. Widerstehen Sie der Versuchung, zu bescheiden oder selbstkritisch zu sein. Die Standardantwort auf ein Kompliment lautet „Danke". Und wenn Sie auf einem Kompliment unbedingt ein Gespräch entwickeln wollen, tun Sie es. Ein Kompliment mit einer interessanten aber ziemlich plumpen Antwort verläuft beispielsweise so: „Marion, das ist aber ein hübscher Rock."

„Danke. Den hab ich für fünf Euro im Second-Hand-Laden geschossen."

Eine viel einfachere Variante wäre: „Danke, das ist aber nett, dass du das sagst." Ein solches Kompliment sollte mit Blickkontakt, einem Lächeln und einem angenehmen Tonfall erwidert werden.

Komplimente sind toll, solange sie aufrichtig gemeint sind. Übertriebene oder unehrliche Komplimente zerstören die Glaubwürdigkeit und gefährden jede Art von persönlicher Beziehung, die Sie vielleicht schon mit der betreffenden Person geknüpft haben. Billige Schmeicheleien, matte Klischees und gönnerhafte Bemerkungen sind unaufrichtig und beleidigend. Ein aufrichtig gemeintes Lob jedoch kann das Selbstbewusstsein stärken und eine Beziehung auf eine persönlichere, herzlichere Ebene heben.

Wenn Sie an jemandem etwas Gutes oder Interessantes bemerken oder von einer lobenswerten Leistung erfahren, ist es Zeit für ein Kompliment.

> **Eine Stimmübung:**
> **Soundeffekte**
>
> Ihre Stimme sagt anderen, wie Sie sich fühlen und ein angenehmer Tonfall kann einen positiven Einfluss darauf haben, wie man auf Sie reagiert. Ein angenehmer Tonfall entsteht, wenn die Stimme aus dem Bauch heraus kommt. Sie ist tief, nuancenreich und ansteckend, im Gegensatz zu einer monotonen Stimme oder einem hohen, aufgekratzten Geschnatter.
>
> Um den Tonfall zu verbessern, üben Sie die „Bauchatmung" und das Sprechen aus dem Bauch. Die Bauchatmung, bei der man die Lungen optimal nutzt, ist die beruhigendste und gesündeste Art zu atmen. Man atmet langsamer und mit weniger Druck. Im Gegensatz dazu steht die „Brustatmung", die 60 Prozent aller Menschen praktizieren. Die Brustatmung ist hektisch, so als wäre man ständig auf der Flucht. Und wenn man aus der Brust atmet, dann spricht man natürlich auch aus der Brust heraus.
>
> Legen Sie eine Handfläche leicht auf die Brust und die andere auf den Bauch. Üben Sie das Atmen so lange, bis die Hand auf der Brust sich nicht mehr bewegt, sondern die Hand auf dem Bauch. Wenn Sie die richtige Technik gefunden haben, nehmen Sie Ihre Hände weg und atmen Sie einfach so weiter – für den Rest Ihres Lebens. Sie werden feststellen, dass Ihre Atmung wieder in die Brust rutscht, sobald Sie nervös oder ängstlich sind. Achten Sie bewusst darauf und ziehen Sie die Atmung dann wieder in den Bauch zurück; sofort werden Sie ruhiger.
>
> Wiederholen Sie diese Übung mit den Händen auf der Stelle, von der Ihre Stimme kommt. Legen Sie Ihre Stimme von der Brust in den Bauch. Sie sollte dann tiefer, voller und ein bisschen langsamer klingen – und genau so sollte sie sich anhören, wenn Sie fremde Menschen dazu bringen wollen, Sie zu mögen.

Vermeiden Sie Allgemeinplätze wie „hübsch", „gut" und „toll". „Hübsches Kostüm" – na toll! „Blau steht dir wirklich gut", klingt besser. „Du bist so ein guter Mensch", hört sich an, als erwarte man, gleich übers Ohr gehauen zu werden. „Du schaffst es wirklich, dass die Leute aus sich heraus kommen" – na das ist doch ein Kompliment!

Konkrete Komplimente klingen meistens aufrichtiger als allgemein gehaltene. „Leckere Suppe" wird Ihren Gastgeber nicht so motivieren wie „Hab ich da einen kleinen Hauch von frischem Dill herausgeschmeckt? Das ist euch ja wieder mal fantastisch gelungen!" Wenn Sie eine Leistung loben, machen Sie sich die Mühe und gehen Sie ins Detail. „Sie waren ja heute toll in Form", ist nicht halb so wirksam wie „Die Frage bezüglich der Kinderkrippe haben Sie ja wirklich elegant beantwortet. Das war ein beeindruckender Schachzug."

Machen Sie ein Kompliment so, wie Sie jemanden begrüßen: öffnen Sie Ihr Herz und Ihren Körper, schauen Sie die betreffende Person direkt an, sprechen Sie mit klarer, begeisterter Stimme, formulieren Sie das Lob ganz konkret und vergessen Sie nicht, der Person Zeit zu geben, zu reagieren.

Stolperfallen meiden

Lesen Sie die unten stehende Liste mit den „Don'ts". Wenn Sie sich dabei ertappen, in eine dieser Fallen zu stolpern, haben Sie entweder Ihre absolut nützliche Grundeinstellung aufgegeben oder aus Versehen eine völlig nutzlose Grundeinstellung eingenommen:

Unterbrechen Sie andere nicht und beenden Sie nicht die Sätze Ihres Gesprächspartners, egal wie begeistert oder ungeduldig Sie auch sein mögen.

Nehmen Sie den Rat von Dale Carnegie an: Beschweren Sie sich nicht, fluchen Sie nicht und kritisieren Sie nichts.

Vermeiden Sie so oft wie möglich, einsilbige Antworten; meistens eignen sie sich nicht für Unterhaltungen und sie sind eine große Belastung beim Aufbau einer guten Beziehung. Und Menschen, die die Unterhaltung an sich reißen, mindern ebenfalls ihre Chancen auf eine gute Beziehung, weil sie anderen keinen oder zu wenig Raum lassen, um eine gemeinsame Basis zu finden. Sie wirken einfach nur unsensibel oder langweilig.

Nichts ist so verwirrend als mit jemandem zu reden, der woanders hinschaut. Wenn Ihnen das passiert, entschuldigen Sie sich so schnell wie möglich. Menschen, die das tun, kommunizieren inkongruent und wirken, ehrlich gesagt, einfach unhöflich.

Und schließlich sollten Sie auf Mundgeruch und all die anderen unangenehmen Hygienedinge achten. Da gibt es kein Pardon. Knoblauchatem, Schweißgeruch und Spinat zwischen den Zähnen mag bei Ihrem Golden Retriever gut ankommen, ist aber auf der Büroparty eher nicht so hilfreich.

Einen unvergesslichen Eindruck hinterlassen

Was bringt es, jemandem zum ersten Mal zu begegnen, einen guten Eindruck zu machen und eine gute Beziehung aufzubauen, wenn der andere Sie schon nach zwei Wochen wieder vergessen hat? Das ist so, als würde man auf dem Computer eine tolle Story schreiben und dann vergessen, wo man sie abgespeichert hat. Geben Sie anderen einen Grund Sie nicht zu vergessen und sie werden es nicht tun. Unser Gehirn liebt es, neue Menschen kennen zu lernen.

An die Untersuchung von Professor Mehrabian werden Sie sich wohl noch erinnern: Die Glaubwürdigkeit in der Kommunikation zwischen zwei Menschen lässt sich aufteilen in 55 Prozent Aussehen, 38 Prozent Gehörtes und 7 Prozent Wortwahl. Etwas Ähnliches gilt auch für unser Gedächtnis. Andere Studien zeigen, dass das, was Menschen sehen, ungefähr drei Mal mehr Wirkung zeigt, als das was sie hören.

Stellen Sie sich folgende Fragen: Wie kann ich mich von den anderen abheben? Gibt es eine Aura oder eine persönliche Note, die ich mir verleihen kann? Alles Mögliche kann helfen, ein bestimmtes Image zu verleihen: eine frische Kornblume im Revers; ein unauffälliges, sehr teures Brillengestell; wunderschöne Westen; besonders schöne Schuhe, eine Fliege, Hosenträger, Gillian Andersons Frisur oder Goldie Hawns Lachen.

Eine Freundin von mir arbeitet für eine Kette von Elektronikkaufhäusern, die Computer und Stereoanlagen verkauft. „Früher habe ich eine halbe Stunde damit verbracht, die Features eines bestimmten Produktes zu erklären", erzählte sie mir, „und dann sind die Kunden nach Hause gegangen, um darüber nachzudenken. Am nächsten Tag sind sie wiedergekommen, zum erstbesten Verkäufer gegangen und haben das Produkt gekauft. Es war völlig egal, ob ich ihnen meine Karte gegeben hatte oder viel Zeit mit ihnen verbracht habe; die Chance, dass sie auf mich persönlich zukommen würden, war gering. Dann hab ich mir etwas ausgedacht, das sich die Leute merken konnten. Da ich in Ostfriesland geboren bin, hab ich den Kunden gesagt, sie sollen einfach nach der Ostfriesin fragen, wenn sie wiederkommen oder anrufen." Eigentlich sind Ostfriesen ja meistens Opfer blöder Witze, aber meine Freundin nutzte dieses Image zu ihrem Vorteil. Es dient als Aufhänger für eine ganze Reihe von vorher abgespeicherten Informationen.

Finden Sie etwas, das Sie vom Rest der Welt unterscheidet. Geben Sie ihnen etwas, woran sie sich erinnern können.

Ein bleibender Eindruck

Julia und Rosa, zwei Frauen mittleren Alters, sitzen sich in einem französischen Restaurant gegenüber. Sie sind halb mit dem Essen fertig, als eine Gruppe an einen der Nebentische geleitet wird. Eine junge Frau in der Gruppe erkennt Julia und stößt einen Freudenschrei aus. Sie war einige Jahre zuvor eine von Julias Studentinnen gewesen.

Nach vielen Umarmungen und Ausrufen dreht sich Julia zu Rosa: „Rosa, das ist Elisabeth. Sie war eine der nettesten Studentinnen damals in München. Das werde ich nie vergessen – sie hatte diese ganz eigene Art, ihre Arbeit zu organisieren. Alles auf ihrem Schreibtisch hatte seinen eigenen Platz. Manchmal hat sie mich zum Wahnsinn getrieben, aber ich habe es immer bewundert, wie akribisch sie war."

„Nett Sie kennen zu lernen", sagt Rosa und schüttelt Elisabeths Hand.

„Erzähl doch mal, was machst du denn jetzt so?" fragt Julia.

Elisabeth erzählt Julia von ihrer Arbeit als Producerin beim lokalen Fernsehsender und fügt dann hinzu: „Es sind einige aus unserer Abgangsklasse dabei. Erinnerst du dich noch an Susanne Specht?"

„Nein, tut mir leid, an die kann ich mich überhaupt nicht mehr erinnern", sagt Julia, wobei sie im Geist die Gesichter der Klasse durchgeht.

„Weißt du nicht mehr, sie kam doch damals mit dieser verrückten Lederweste an."

„Ach ja, natürlich." Julia wendet sich Rosa zu und weiht sie in das Bild ein. „Susanne war eine hervorragende Malerin. Ich glaube sie sprach Spanisch und Französisch. Hat sie noch immer diese rote Mähne?" fragt sie, wobei sie sich wieder an Elisabeth wendet.

„Nein. Jetzt hat sie lange, blonde Haare und ist unsere Programmdirektorin. Und kennst du noch Toni?", fährt Elisabeth fort. „Sie ist auch bei unserem Sender."

„Wer war denn noch Toni?" fragt Julia.

„Toni Meinicke. Die war immer unheimlich nett. Hat damals in Schwabing gewohnt." Julia kann sich nicht erinnern, also fährt Elisabeth fort: „Sie war immer so fleißig."

„Nein, tut mir leid, die kann ich gar nicht einordnen. Und wer noch?"

„Gregor Krüger. Er ist unser Vertriebschef."

„Nein! Doch nicht der Gregor mit dem Nasenring?" Julia schüttelt ungläubig den Kopf. „Gregor war so ein zappeliger junger Mann. Der hat seine Mutter in seinem alten Käfer überall hin gefahren. Wenn ich mich richtig erinnere, hat er im Internet eine Website über Trainspotting gemacht. Er hat einen Newsletter herausgegeben und Tausend Leute ..."

Julia lädt Elisabeth ein, an ihrem Tisch zu sitzen, und die anderen Mitglieder der Gruppe bestellen bereits ohne sie, während die Unterhaltung weitergeht.

Was ich mit dieser Geschichte sagen will, ist Folgendes: Es fällt Julia leicht, sich an ihre ehemaligen Schüler zu erinnern, wenn ihr Erinnerungsvermögen durch ein bestimmtes Image angekurbelt wird. Man kann sich besser an jemanden erinnern, wenn er einen bestimmten Aufhänger liefert – irgendein Merkmal, das ihn von der Menge abhebt.

8

Alle Sinne sinnvoll nutzen

Bis zu einem bestimmten Grade sind Menschen eigentlich nichts anderes als mobile Sinnesorgane.

Wir sehen, hören, fühlen, riechen und schmecken. Und dann verarbeiten wir die Informationen, die wir mithilfe unserer Sinne gesammelt haben. Jeden Tag erleben wir die Welt durch ihren sensorischen Input und dann erklären wir uns und anderen, was wir erlebt und erfahren haben. Das ist alles. Wir gehen zu Bett und am nächsten Morgen stehen wir auf und alles beginnt wieder von vorne. So entwickeln wir uns weiter. Natürlich ist das eine sehr starke Vereinfachung, aber für dieses Kapitel gibt uns diese Sichtweise eine gute Grundlage, auf die wir aufbauen können.

Genau hier liegt der Ursprung unserer absolut nützlichen (oder nutzlosen) Grundeinstellung. Es gibt zwei Möglichkeiten, wie wir unsere Erlebnisse uns selbst und anderen erklären können. Wir nennen sie Auslegungsstil. Ein Mensch mit einem negativen Auslegungsstil würde, wenn er am Morgen aufwacht und sieht, dass es regnet, sagen: „Oh Mist, es regnet. Das wird ein scheußlicher Tag", während jemand mit einem positiven Auslegungsstil vielleicht sagt: „Hey, kostenlose Autowäsche und schön für die Blumen." Das Entscheidende ist, dass die Art unserer Auslegungen unsere Grundeinstellung bestimmt und verschiedene Menschen reagieren auf dieselbe äußere Realität unterschiedlich.

Man kann diese Reaktionen grob in bekannte Kategorien unterteilen. In den Siebzigerjahren fanden Richard Bandler und John Grinder, die Gründer der Neuro-Linguistischen Programmierung (NLP) heraus, dass man die Menschen grob in drei Typen unterteilen kann, je nachdem, wie sie die Welt durch ihre Sinne filtern. Sie nannten diese Typen visuell, auditiv und kinästhetisch. Nehmen wir beispielsweise an, drei Studenten gehen zu einem Rockkonzert. Julia ist eher ein visueller, Barbara ein auditiver und Alexander ein kinästhetischer Typ. Als sie später ihre Erlebnisse ihren Freunden schildern, malt Julia mit ihren Worten Bilder, um deutlich zu machen, wie das Konzert war: „Oh wow, das hättet ihr sehen sollen – all die Menschen, die gleichzeitig hochsprangen und wie der Sänger sich die Hosen zerriss und sein Toupet wegflog!" Barbara wird beschreiben, wie sich das Konzert angehört hat: „Die Musik war toll. Der Rhythmus war ohrenbetäubend; alle schrien und haben mitgesungen. Das hättet ihr hören sollen. Zum Ausrasten!" Alexander, der eher auf Gefühle und Berührung anspricht, würde sagen: „Oh Mann, du konntest die Energie förmlich spüren. Der Laden war brechend voll. Man konnte sich kaum bewegen und als sie „Blue Rodeo" spielten, ist der Saal fast übergekocht."

Mit anderen Worten, visuelle Typen verwenden eine bildliche Sprache, auditive Typen wählen Wörter, die Geräusche wiedergeben und kinästhetische Typen bevorzugen Wörter, die körperliche Vorgänge beschreiben.

Woruber wir hier reden ist eine neue Dimension von Synchronisation und Beziehungsaufbau. In diesem Kapitel geht es um mehr als nur Körperhaltung, Körpersprache und Tonfall, nämlich um die Art und Weise, wie unsere Sinne die Welt um uns herum aufnehmen und buchstäblich versuchen, ihr Sinn zu verleihen.

Visuell, auditiv oder kinästhetisch?

Da wir unsere Informationen über die Außenwelt vor allem über Bilder, Geräusche und Gefühle aufnehmen, sind das die drei Bereiche, die uns inspirieren können: etwas, das wir tatsächlich oder vor unserem geistigen Auge als Fantasie oder Vision sehen, etwas, das wir von außen oder durch unsere eigene innere Stimme hören oder durch etwas, das wir empfinden oder berühren. Meistens handelt es sich um eine Kombination aus diesen Erfahrungen, die uns hilft, die Außenwelt zu interpretieren, aber einer dieser drei Sinne – Sehen, Hören oder Fühlen – dominiert meistens die anderen beiden.

Für das ungeübte Auge (oder Ohr) sehen, hören und fühlen wir alle wie normale Menschen; das geschulte Auge erkennt jedoch kaum wahrnehmbare, aber entscheidende Unterschiede. Wie man sich leicht vorstellen kann, wird jemand, dem vor allem das Aussehen von Dingen wichtig ist, sehr auf das äußere Erscheinungsbild achten. So wird jemand, für den Geräusche wichtig sind, darauf reagieren, wie sich Dinge anhören und jemand, der die Welt durch körperliche Empfindungen erlebt, wird sich darauf konzentrieren, wie sich Dinge bei Berührung anfühlen.

Letztes Jahr hörte ich im Radio ein Interview mit zwei Politikern. Beide zogen in Erwägung, den Parteivorsitz in ihrer Partei zu übernehmen. Als der Reporter die beiden bat, ihre Pläne „in Worte zu fassen", sagte der eine eher nachdenklich: „Ich neige sehr stark dazu, den ersten Schuss abzugeben." Die wesentlich spontanere Antwort des zweiten Politikers war: „Jetzt, wo ich ein deutlicheres Bild von der Zukunft habe, sehe ich die Möglichkeiten ganz klar vor mir." Der Reporter entgegnete: „Klingt, als wären Sie beide bereit, Ihre Absichten zu verkünden."

Was meinen Sie? Erkennen Sie den Unterschied? Der Reporter, der Sätze verwendete, wie „Pläne in Worte fassen" und „Absichten verkünden", war wahrscheinlich ein auditiver Typ. (Fairerweise muss man sagen, dass dies natürlich die Sprache ist, die man als Radioreporter benutzen sollte. Aber dennoch erweisen sich überraschend viele Radiosprecher tatsächlich als auditive Typen.) Der erste Kandidat verwendete eine sehr auf körperliche Vorgänge bezogene Sprache – „sehr stark neigen", „den ersten Schuss abgeben" – und sprach sehr bedächtig, was auf einen kinästhetischen Typ deutet. Der zweite hoffnungsvolle Kandidat hatte „ein deutlicheres Bild" und konnte „die Möglichkeiten sehen", und erschien mir deshalb ziemlich visuell orientiert.

Natürlich ist niemand ein hundertprozentig visueller oder ausschließlich kinästhetischer Typ. Natürlich sind wir alle eine Kombination aus diesen Typen. Und doch dominiert bei jedem Einzelnen eines dieser Systeme die anderen beiden (ein bisschen wie Links- oder Rechtshändigkeit).

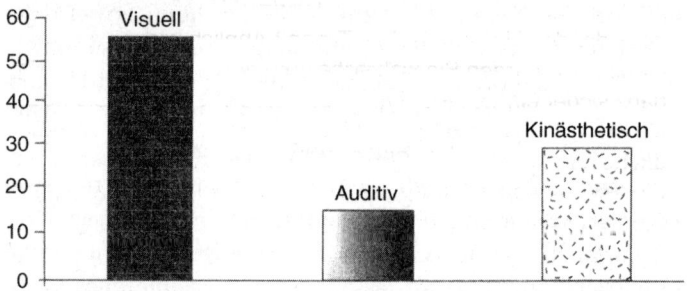

Untersuchungen zeigen, dass ganze 55 Prozent aller Menschen unseres Kulturkreises vor allem durch visuelle Eindrücke angesprochen werden, 15 Prozent durch das, was sie hören und 30 Prozent durch körperliche Empfindungen (kinästhetische Typen).

Testen Sie sich doch einmal selbst mit dem Test auf Seite S. 123 ff. und Sie werden anfangen zu verstehen, warum Sie zu manchen Leuten schon bei der ersten Begegnung einen Draht finden und das Gefühl haben, sie schon jahrelang zu kennen und zu manchen überhaupt nicht. Alles läuft auf eine sensorische Harmonie hinaus. Wenn sich zwei visuelle Typen treffen, sind sie sich vertraut, weil sie die Dinge ähnlich sehen (was nicht heißt, dass sie einer Meinung sind) und sie drücken ihre Erfahrungen auf ähnliche Weise aus. Das Gleiche gilt für zwei auditive Typen oder zwei kinästhetische Typen. Wenn die Person, die Sie kennen lernen, jedoch die Welt auf ganz andere Art sieht, hört oder empfindet als Sie, müssen Sie lernen, wie Sie dies erkennen und wie Sie sich darauf einstellen und sich auf eine Wellenlänge mit Ihrem Gegenüber begeben können, um eine Beziehung zu knüpfen, die schließlich in eine tiefe Freundschaft münden kann.

Ein Selbsttest:
Was ist Ihr Lieblingssinn?

Wo würden Sie sich sehen – unter den visuellen, den auditiven oder den kinästhetischen Typen? Ähnlich wie die meisten Menschen, werden Sie wahrscheinlich antworten: „Oh, ich bin ganz sicher ein visueller Typ." Aber vielleicht werden Sie noch eine Überraschung erleben. Machen Sie den folgenden Test, um herauszufinden, wie Sie die Welt aufnehmen. Entscheiden Sie sich bei jeder Frage nur für eine Antwort und markieren Sie den Buchstaben neben Ihrer Antwort.

1. Wenn in einem Strandhotel nur noch drei Zimmer frei wären, würde ich mich für ein Zimmer entscheiden, das
   a) Meerblick bietet aber laut ist
   b) Meeresrauschen aber keinen Meerblick bietet
   c) Besonders gut ausgestattet aber laut und ohne Meerblick ist.
2. Wenn ich ein Problem habe
   a) suche ich nach Alternativen
   b) rede ich über das Problem
   c) arrangiere ich die Details anders.

3. Wenn ich mit dem Auto fahre, soll es
   a) innen schön aussehen
   b) sich leise oder kraftvoll anhören
   c) bequem oder besonders sicher sein.
4. Wenn ich von einem Konzert berichte, auf dem ich gerade gewesen bin, erzähle ich zuerst davon
   a) wie alles aussah
   b) wie es sich anhörte
   c) welches Gefühl ich dabei hatte.
5. In meiner Freizeit
   a) sehe ich am liebsten fern oder gehe ins Kino
   b) lese ich oder höre Musik
   c) betätige ich mich am liebsten körperlich (Gartenarbeit, Handwerk/Handarbeit) oder treibe Sport.
6. Die eine Sinneswahrnehmung, die meiner Meinung nach jeder einmal erlebt haben sollte, ist
   a) Sehen
   b) Hören
   c) Fühlen.
7. Von den folgenden Aktivitäten verbringe ich die meiste sinnlose Zeit mit
   a) Tagträumereien
   b) meinen eigenen Gedanken lauschen
   c) meinen Gefühlen nachgehen.
8. Wenn jemand versucht, mich von etwas zu überzeugen,
   a) will ich Beweise sehen
   b) überrede ich mich selbst
   c) vertraue ich meiner Intuition.
9. Meistens rede und denke ich
   a) schnell
   b) angemessen
   c) langsam.
10. Meistens atme ich
    a) hoch in die Brust
    b) tief in die Brust
    c) in den Bauch.
11. Wenn ich in einer fremden Stadt den richtigen Weg suche,
    a) benutze ich eine Straßenkarte

b) frage ich jemanden
c) vertraue ich meiner Intuition.
12. Wenn ich Kleidung aussuche, ist es für mich am wichtigsten, dass
   a) ich tadellos aussehe
   b) meiner Persönlichkeit Ausdruck verleihe
   c) mich wohl fühle.
13. Wenn ich ein Restaurant aussuche, ist es mir am wichtigsten, dass
   a) es beeindruckend aussieht
   b) ich mich selbst reden hören kann
   c) ich mich wohl fühle.
14. Ich treffe Entscheidungen
   a) schnell
   b) angemessen schnell
   c) langsam.

Summe:
A =
B =
C =

a) steht für visuell, b) für auditiv und c) für kinästhetisch. Je größer die Summe in den einzelnen Bereichen, desto deutlicher die Tendenz.

Wenn Sie den Test gemacht haben, dann haben Sie nicht nur einen ziemlich guten Beleg dafür, welcher der drei Hauptsinne bei Ihnen überwiegt, sondern Sie verstehen jetzt auch, wie Menschen unterschiedliche Prioritäten haben können. Allerdings haben wir es hier mit vielen Variablen zu tun, vor allem, dass Sie schon wussten, welchen Zweck dieser Test hatte, bevor Sie damit begonnen haben. In meinen Seminaren lasse ich die Teilnehmer diesen Test meistens machen, bevor sie seine Bedeutung erkennen.

Probieren Sie diesen Test einmal bei ein paar Ihrer Freunde aus und beobachten Sie, wie er ausgeht. Benutzen Sie deren Ergebnisse, um zu üben, wie man die unterschiedlichen Präferenzen erkennt.

Um Ihnen eine Vorstellung davon zu geben, wie unsere sinnlichen Präferenzen unseren Alltag beeinflussen, möchte ich Ihnen etwas über mich selbst erzählen. Ich bin ein auditiver Typ und meine Frau ein kinästhetischer. Wenn wir eine Meinungsverschiedenheit haben, weiß Wendy, wie sie in „meiner Sprache" einen Zugang zu mir findet, nämlich mit auditiven Worten. Sie erregt sofort meine Aufmerksamkeit, wenn sie sagt: „Nick, du hörst mir nicht zu. Du hörst kein einziges Wort von dem, was ich sage." Wenn Sie sagen würde: „Siehst du denn nicht, was ich sage?", oder, noch schlimmer „Siehst du denn nicht, wie ich mich dabei fühle?", dann ist die Wahrheit, nein, tue ich nicht.

Natürlich kann ich eine intellektuelle Verbindung zu ihr herstellen, aber ich muss innehalten und darüber nachdenken; mein Gehirn muss einen Extra-Schritt machen und ihre Sprache in etwas übersetzen, das ich aufnehmen kann. Wenn sie eine Nachricht auf meiner auditiven Wellenlänge sendet, stellt sie eine direkte Verbindung her – sehr schnell.

Im Gegenzug, wenn ich direkten Zugang zu ihren Sinnen suche, sage ich „Ich weiß, wie du dich fühlst, wenn das passiert." Mit anderen Worten, ich wähle eine gefühlvolle, kinästhetische Herangehensweise.

Sich an sensorische Vorlieben anpassen

Was haben Sinnestypen damit zu tun, wie man sich in weniger als 90 Sekunden beliebt macht? Mehr als Sie vielleicht denken. Wenn Sie herausfinden können, welche Sinneseindrücke andere bevorzugen, können Sie auf deren Wellenlänge kommunizieren.

Eine metaphorische Sprache

Der Ausdruck „Ich habe alles auf den Kopf gestellt, um sie zu finden", drückt viel mehr aus als „Ich habe überall gesucht." Er erweckt den Eindruck von Akribie, Sorgfalt, Details, Entschlossenheit und vieles mehr. Außerdem spricht er das Sehen, das Hören und das Fühlen an und das ist der Grund dafür, dass Metaphern, also Wortbilder, sowohl visuelle als auch auditive und kinästhetische Typen ansprechen. Visuelle Typen können sie sich vorstellen, auditive Typen können sie hören und kinästhetische Typen bekommen ein Gefühl dafür, was passiert.

Metaphern sind Behälter für Ideen. Sie verbinden unser inneres Vorstellungsvermögen mit der Außenwelt. Wir benutzen regelmäßig solche Metaphern, meistens unbewusst, um unsere Gedanken zu erklären. Wir benutzen sie auch, um Ereignisse interessanter zu machen. Parabeln, Fabeln, Geschichten und Anekdoten sind die ältesten und wirkungsvollsten Kommunikationswerkzeuge, die wir haben, und ihr metaphorischer Aspekt wirkt in praktisch jeder Situation. Sie heizen die Fantasie an und sprechen alle Sinne an.

Kurz gesagt, Metaphern erleichtern die Kommunikation, machen sie schneller und reichhaltiger.

Wenn Sie zu Ihrem Partner eine bessere Beziehung aufbauen wollen, einen Richter für Ihre Argumente gewinnen möchten, einen Auftrag an Land ziehen oder jemanden auf einer Party beeindrucken wollen, kann es sehr nützlich sein, visuelle, auditive und kinästhetische Typen voneinander unterscheiden zu können.

Ich erhielt einmal nach einem meiner Seminare einen aufgeregten Anruf von einer Dame, die im Publikum gesessen hatte. Ihr Name war Barbara und sie besaß ein Geschäft für Teppiche und Gardinen.

„Es ist unglaublich", sagte sie „es ist halb zehn, wir haben seit einer Stunde geöffnet und ich habe jedem meiner bisher fünf Kunden etwas verkauft. Das habe ich noch nie geschafft!"

„Für mein Geschäft ist das ideal", fuhr sie fort und bezog sich auf meine Rede über die verschiedenen Typen, denen wir im Alltag begegnen. „Die ersten vier Umsätze waren wahrscheinlich normal, obwohl ich mir sehr wohl dessen bewusst war, was ich gelernt hatte. Aber die letzten Kunden ... Diese Dame kam in den Laden und zerrte ihren Mann hinter sich her. Es war offensichtlich, dass er hier gar nicht sein wollte. Ich fand sofort heraus, dass er ein kinästhetischer Typ war und brachte ihn innerhalb von 30 Sekunden dazu, auf die Knie zu gehen und einen Teppich zu befühlen. Und sie haben ihn gekauft."

„Ich wusste genau, wenn ich sagen würde ‚Stellen Sie sich nur vor, wie gut der in Ihrem Haus aussehen würde', dann würde ihm das nicht gelingen, weil er einfach kein visueller Typ war. Oder wenn ich sagen würde ‚Sie werden sehen, wie leise es mit diesem Teppich ist, wenn Ihre Kinder im Haus herumlaufen', dann würde er auch darauf nicht ansprechen, weil das nicht seine Art zu denken ist. An der Art wie er sich kleidete und redete, erkannte ich, dass er ein kinästhetischer Typ war und also sagte ich ‚Fühlen Sie doch nur einmal.' Und das tat er. Einfach so. Er kniete sich auf den Boden und befühlte ihn."

Finden Sie heraus, was Sie herausholen können. Ändern Sie Ihr Verhalten solange, bis Sie bekommen, was Sie wollen. Das ist das „A" und „S" aus Ihrem DAS. Finden Sie heraus, auf welchen Sinneseindruck Ihr Gegenüber sich am meisten verlässt und ändern Sie Ihr Verhalten so, dass Sie diese Erkenntnis mit einbeziehen.

Wenn Sie nicht sicher sind, wie Sie mit einer bestimmten Situation umgehen sollen, machen Sie sich keine Sorgen. Beziehen Sie einfach alle Typen in Ihre Vorgehensweise ein.

Bieten Sie vor allem den visuellen Typen etwas; schließlich machen Sie mehr als die Hälfte der Menschen aus, also ist es wahrscheinlich, dass Ihnen im Laufe des Tages der eine oder andere visuelle Typ begegnet. Sorgen Sie dafür, dass Sie sich gut anhören: Entwickeln Sie einen angenehmen Tonfall für die auditiven Typen, mit denen Sie sich möglicherweise unterhalten werden. Und seien Sie sensibel und flexibel für die kinästhetischen Menschen, auf die Sie stoßen werden. Und wenn Sie es mit mehreren Menschen gleichzeitig zu tun haben, gilt natürlich dasselbe. Die Gruppe wird höchstwahrscheinlich aus allen drei Typen bestehen und Sie wollen ja bei allen gut ankommen.

Vor allem sollten Sie nie vergessen, dass die Fähigkeit, sich darauf einzustellen, wie andere Menschen die Welt erleben, eine der wichtigsten Erfahrungen Ihres Lebens sein kann.

Vor einigen Monaten hielt ich die Eröffnungsrede anlässlich einer Versammlung von Bauunternehmern. Während meiner Rede setzte ich Rollenspiele ein (wobei ich alle Rollen spielte), um klar zu machen, wie unterschiedlich visuelle, auditive und kinästhetische Typen kommunizieren. Am Ende der Rede kam ein kräftiger, ziemlich tough aussehender, aber gut gekleideter Mann auf mich zu und nahm mich zur Seite. Er war sehr aufgewühlt und sah fast so aus, als sei er den Tränen nahe. Kopfschüttelnd sagte er: „Ich weiß nicht, was ich sagen soll. Ich werde jetzt sofort zur Schule meines Sohnes gehen und ihn in den Arm nehmen." Er schluckte. „Seit Jahren ärgere ich mich über ihn. Wenn ich mit ihm rede, dreht er den Kopf weg und sieht mich nicht an. Das macht mich verrückt und ich schreie ihn an ‚Sieh mich an, wenn ich mit dir rede!' Aber er sieht mir fast nie in die Augen, wenn ich ihm Anweisungen gebe. Nach allem, was Sie gesagt haben, habe ich erkannt, dass er ein auditiver Typ ist und mich nicht etwa ignoriert, wenn er den Kopf wegdreht, sondern mir sein Ohr zuwendet, damit er sich auf mich konzentrieren kann. Und ich, ich bin ein visueller Typ, ich brauche den Blickkontakt." Er drückte mir die Hand und ging.

Das ist toll. Solche Dinge passieren täglich vor unseren Augen und wir merken es nicht – bis jetzt.

Sichtweisen und Hörweisen

Außer einem guten kolumbianischen Kaffee und frischen Croissants leisten die Schmidts sich kein außergewöhnliches Frühstück.

„Es ist ein toller roter Porsche!", ruft Jürgen aus. „Er ist wirklich blendend! Kannst du dir vorstellen, wie wir beiden damit auf der Straße die Küste entlang fahren?"

„Wirklich nicht", sagt Rita eisig. „Alles, was ich höre sind die Rechnungen, die monatlich in unseren Briefkasten fallen. Ich glaube, Du hörst mir nie zu, wenn ich dir erzähle, dass es wichtigere Dinge gibt, für die wir Geld ausgeben müssen ..."

Jürgen stapft wütend aus dem Haus, aber nach der Arbeit kauft er ein teures, buntes Seidentuch für Rita, um sie wieder für sich zu gewinnen. Zu Hause überreicht er ihr im Wohnzimmer das Geschenk.

„Und wofür ist das?", fragt Rita etwas distanziert, als sie das Tuch auspackt. „Was ist der Anlass dafür?"

„Warum, nur, um dir zu zeigen, wie sehr ich dich liebe!", protestiert Jürgen, der sich zurückgewiesen fühlt.

„Ein Seidentuch sagt mir gar nichts!", antwortet Rita bissig. Sie geht forsch aus dem Zimmer.

Jürgen sinkt langsam auf das Sofa, wickelt das teure Tuch langsam um seine Hand und zieht es fest, bis seine Finger schmerzhaft pochen.

Was passierte hier? Jürgen ist ein visueller Typ. Er nimmt die Welt vor allem durch das wahr, was er sieht: den roten Porsche, das „Bild" der beiden in dem Auto, das mehrfarbige Seidentuch. Rita dagegen ist ein auditiver Typ. Sie hört die

Rechnungen in den Briefkasten fallen; sie glaubt Jürgen „hört" ihr nicht zu, wenn sie ihm etwas „erzählt".

Kann diese Ehe (oder wenigstens, die Hoffnung auf den Kauf des roten Porsche) gerettet werden? Wetten dass. Zwei Karten für ein Konzert von Rita's Lieblingsband – etwas, das ihre Ohren anspricht – würde sich für sie viel besser anhören. Hier ist die Möglichkeit, wie Jürgen hätte handeln können, wenn er sensibler auf die Art eingegangen wäre, wie Rita die Welt hört:

„Es tut mir wirklich Leid, Rita", sagt Jürgen mit sanfter, freundlicher Stimme (nachdem er ihr die Eintrittskarten gegeben hat). Er fährt fort, indem er „auditive" Worte benutzt. „Ich sage dir etwas, lass' uns wieder mehr Harmonie in unser Haus bringen und uns ein wenig miteinander reden. Klingt das gut in Deinen Ohren?"

Rita nickt, während sie die deutlich akzeptableren Worte und die Bedeutung, die sie aussenden, aufnimmt.

„Habe ich dir erzählt, dass der Porsche wie ein Kätzchen schnurrt und so leise beschleunigt, dass man es kaum hören kann?", fragt Jürgen sanft, „und warte, bis wir die überraschend günstigen möglichen Finanzierungen diskutieren."

„Jetzt sehe ich endlich das Bild, das du malst, Jürgen", sagt seine Frau. „Es ist jetzt alles klar für mich!"

9

Sensorische Vorlieben erkennen

Wenn Sie erkennen, durch welches Sinnesorgan jemand die Welt vorzugsweise erfasst, und Sie dann diese Information im Umgang mit anderen nutzen – im persönlichen, gesellschaftlichen oder beruflichen Umfeld – kann das einen sehr großen Einfluss darauf haben, wie andere auf Sie reagieren.

In diesem Kapitel geht es darum, die ersten Hinweise wahrzunehmen, die andere uns geben, ohne dass sie es merken. Ob visuell, auditiv oder kinästhetisch, sie senden Signale, die wir nur zu interpretieren und zu nutzen brauchen.

In der Fragestunde am Ende eines meiner Seminare fragte eine etwas füllige Dame mittleren Alters in der zweiten Reihe: „Finden Sie, dass es schwer ist, auf den richtigen sensorischen Typ zu tippen?" Diese auffällige Dame trug einen großen, bequemen Strickmantel und wickelte ihr Haar beim Sprechen um den Finger. Ich dankte ihr für die Frage und bat Sie, sich nicht mehr zu bewegen. Da sie offensichtlich eine liebenswerte Person war, blieb sie sofort bewegungslos sitzen. „Ich werde Sie nun bitten, Ihre Frage noch einmal genau so zu stellen, wie eben", sagte ich. „Aber ich möchte, dass die anderen das einmal genau beobachten. Ist das okay?" Sie nickte, wartete einen Moment und stellte dann noch einmal ihre Frage, wobei sie auch das Fummeln an den Haaren nicht vergaß. Die anderen Zuschauer fingen kollektiv an zu lächeln, als sie begriffen, was sie gerade gesehen hatten. Dann sah die Dame selbst nach oben und fing an zu kichern.

Ihre Wortwahl „finden", „schwer", „tippen", ihre lockere Redeweise, ihr gemütlicher Mantel, ihre etwas füllige Figur und ihre Gewohnheit, an den Haaren zu spielen, waren deutliche Hinweise. Sie hatte genügend Hinweise gegeben, um dem gesamten Publikum ziemlich guten Aufschluss darüber zu geben, welcher sensorische Typ sie sein könnte.

Sie waren zwar nicht dabei, aber was glauben Sie, auf welche Sinneswahrnehmung sie sich hauptsächlich verlässt?

Wenn Sie auf das Fühlen (kinästhetischer Typ) getippt haben, haben Sie Recht.

Profile der unterschiedlichen Sinnes-Typen

Jede Kategorie weist kaum sichtbare körperliche und geistige Unterschiede auf. Das sind ganz sicher keine eindeutigen und leicht erkennbaren Unterschiede. Aber es sind Indizien. Visuelle, auditive und kinästhetische Typen gibt es in allen Formen und Größen. Wir haben es hier schließlich mit Menschen zu tun, mit einzigartigen Individuen mit verschiedenen Meinungen und Werten, Talenten, Schattierungen und Vorlieben, Zweideutigkeiten und Träumen. Jeder ist anders, aber im tiefsten Inneren gibt es grundlegende Ähnlichkeiten. Finden Sie jemanden, der sich besonders stark auf eine bestimmte Sinneswahrnehmung verlässt und Sie werden ganz sicher äußerlich erkennbare Hinweise auf die Präferenz dieser Person finden.

Ein Tipp:

Visuelle Typen denken meistens sehr schnell.
Kinästhetische Typen reden meistens langsam.
Auditive Typen liegen irgendwo dazwischen.

Je mehr Sie sich mit den Unterschieden zwischen visuellen, auditiven und kinästhetischen Typen vertraut machen, desto leichter werden Sie zunächst kaum wahrnehmbare Hinweise erkennen.

Vielleicht haben Sie sich schon einmal ein neues Auto gekauft. Nehmen wir an, Sie haben einen knallblauen kleinen Mazda MX5 gekauft. Sehr ungewöhnlich? Nicht ganz. Plötzlich sehen Sie überall kleine blaue Mazdas. Während Sie sie vorher höchstens hin und wieder einmal gesehen haben, sehen Sie sie jetzt ständig. Natürlich waren die schon die ganze Zeit über da – aber bisher haben Sie sich nicht dafür interessiert.

Wenn Sie etwas geübter darin sind, den einen Typ vom anderen zu unterscheiden, wird dasselbe passieren. Die Unterschiede werden ganz von alleine immer deutlicher. Und doch waren sie schon immer da.

> **Kostenloser Unterricht im Fernsehen**
>
> Talkshows eignen sich hervorragend, um Ihre Fähigkeiten im Erkennen von sensorischen Typen zu üben. Die späten Talkshows, wo jeder dazu neigt, overdressed zu erscheinen, sind weniger gut geeignet. Besser sind die Frühstückssendungen oder die Talkshows am frühen Nachmittag, in denen die Menschen eher sie selbst sind.
>
> Drehen Sie einmal den Ton leise und versuchen Sie allein anhand des Aussehens, der Hand- und Augenbewegungen und aufgrund der Kleidung herauszufinden, ob es sich um einen V-, einen A- oder einen K-Typen handelt. Dann drehen Sie den Ton wieder laut und achten Sie auf die Worte, die Sprechgeschwindigkeit und den Tonfall.
>
> Dasselbe können Sie mit Radiointerviews machen. Konzentrieren Sie sich auf die Worte. Radiointerviews sind eine hervorragende Quelle für Informationen über den jeweiligen

> sensorischen Typus. Sie können sogar üben, während Sie in einem Stau stecken.
> Lassen Sie sich Zeit. Viel Spaß!

Visuelle Typen

Visuelle Typen achten sehr darauf, wie Bücher aussehen. Sie brauchen Beweise oder Indizien, bevor sie etwas ernst nehmen können. Da sie alles visualisieren, denken sie in Bildern, fuchteln mit den Händen herum und berühren manchmal die Bilder, die sie in Gedanken malen. Da sie die Bilder vor ihrem geistigen Auge sehr schnell entstehen lassen können, können sie besonders klar denken. Deshalb sprechen sie auch am schnellsten von allen drei Typen. Manchmal sind sie diejenigen mit der monotonen Stimme.

Visuelle Typen sehen häufig nach links und rechts während sie reden. Auf ihre Kleidung verwenden sie meistens viel Mühe, denn sie achten sehr darauf, gut auszusehen und sich mit schönen Dingen zu umgeben. Da für sie das Aussehen so wichtig ist, sind sie meistens rank und schlank. Wenn sie stehen oder sitzen, ist ihre Körper- und Kopfhaltung meistens gerade.

Sie werden visuelle Typen finden, wo schnelle, sichere Entscheidungen benötigt werden oder wo besondere Vorgehensweise diesen folgen. Sie wollen die Kontrolle haben, weil sie eine Vision davon haben, wie die Dinge sein sollen. Viele – aber sicher nicht alle – Künstler fallen in diese Kategorie.

Auditive Typen

Auditive Typen reagieren gefühlsmäßig auf Geräusche. Sie lieben gesprochene Worte und Unterhaltungen, aber das was sie hören, muss sich richtig anhören, damit man sie erreicht und ihre Aufmerksamkeit erregt. Sie besitzen meistens flüssige, melodische, ausdrucksstarke, überzeugende, sensible Stimmen. „Audis" bewegen die Augen beim Sprechen hin und her und gestikulieren weniger als visuelle Typen. Aber wenn sie gestikulieren, dann von einer Seite zur anderen, der Augenbewegung folgend. Wenn es um Kleidung geht, so *denken* sie, sie hätten einen guten Geschmack. Sie drücken mit der Kleidung gerne etwas aus – und manchmal liegen sie auch ein bisschen daneben. Vom Körperbau her liegen sie meistens irgendwo zwischen den schlanken visuellen Typen und den fülligen Kinästheten. Audis arbeiten, wo es um Worte und Geräusche geht. Viele Fernsehleute, Lehrer, Rechtsanwälte, Berater und Schriftsteller sind auditive Typen.

Kinästhetische Typen

Für die sensiblen „Kinos" muss alles solide und gut durchdacht sein und sich gut anfühlen, damit sie sich angesprochen fühlen. Sie haben eine leisere, entspannte Stimme und eine ruhigere Gestik. Manche „Kinos" sind dafür bekannt, dass sie unglaublich langsam sprechen und alle möglichen unwichtigen Details hinzufügen, die visuelle und auditive Typen zum Wahnsinn treiben können, bis sie am liebsten schreien würden: „*Bitte* komm doch um Gotteswillen endlich zur Sache!" Aber so sind die meisten von ihnen eben einfach. Die Ursache liegt darin begründet, dass es nun einmal schwieriger ist, Gefühle in Worte zu fassen, als Bilder oder Geräusche in Worte zu übersetzen. Wenn sie sprechen, sehen „Kinos" häufig nach unten, in Richtung ihrer Gefühle. Sie mögen es, wie sich Dinge anfühlen. Sie lieben weiche Stoffe in gedeckten Farben. Männer mit Vollbart sind häufig kinästhetische Typen. „Kinos" findet man in handwerklich orientierten Berufen, wie Installateur, Elektriker, Zimmermann, Vertriebsingenieure sowie Künstler, Mediziner oder Berufe in der Nahrungsmittelbranche.

Vom Körperbau her gibt es zwei Arten von „Kinos": Eine Gruppe sind die Athleten, Tänzer, Hilfsdienste und Händler, die superfitten Typen, die ständig mit Berührungen und körperlichen Dingen zu tun haben. Die andere Gruppe sind die sensiblen, entspannten, bodenständigen, großherzigen Typen, die überdurchschnittlich oft einen fülligeren Körperbau haben.

Nachbohren

Folgende einfache Technik hat sich bei der Identifikation bestimmter Sinnespräferenzen bewährt: Beginnen Sie, indem Sie ein paar unspezifische Fragen stellen, z.B.: „Leben Sie in der Stadt oder auf dem Land?" und dann: „Gefällt es Ihnen?"

Wenn die Antwort ja lautet, fragen Sie: „Was mögen Sie daran am liebsten?" (Wenn die Antwort nein lautet, fragen Sie: „Was gefällt Ihnen daran nicht?")

Und wenn dann Gründe genannt werden, bohren Sie nach. Antworten wie: „Naja, hauptsächlich, weil es so ruhig ist", können noch weiter spezifiziert werden, indem man fragt: „Und sonst noch?" Und hören Sie an dieser Stelle noch nicht auf zu fragen. Fragen Sie so lange, bis Sie genügend verbale Hinweise auf das bevorzugte Sinnesorgan der betreffenden Person haben.

Günstige und ungünstige Kombinationen

Wahrscheinlich erkennen Sie schon, dass die Wahrscheinlichkeit, dass man eine liebevolle Beziehung zu jemandem aufbaut, der einem ähnlich ist, relativ groß ist. Aber ist das auch immer gut so? Ja und nein. Wenn Sie Ihr Leben mit jemandem verbringen möchten, der Ihnen sehr ähnlich ist, dann ja. Aber wenn Sie ein bisschen Abwechslung wollen?

Ich werde oft gefragt, ob das alte Sprichwort, Gegensätze würden sich anziehen, stimmt. Die Antwort lautet: ja, auf jeden Fall. Aber wie? Und was zieht sie an?

Lassen Sie mich zunächst noch einmal deutlich machen, dass es in diesem Buch darum geht, gute Kontakte zu knüpfen und sich beliebt zu machen. Wenn gute Kontakte und Beliebtheit zu Freundschaft und Liebe führen, dann liegt es bei Ihnen. Ich mag und vertraue vielen Menschen, aber sie sind nicht alle meine Freunde und schon gar nicht meine Lebenspartner. Sich in jemanden zu verlieben ist ein viel komplexerer Vorgang. Viele der klassischen Sprachen beschreiben drei verschiedene Arten von Liebe oder Zuneigung. Grob übersetzt geht es um Nächstenliebe, Geschwisterliebe und erotische Liebe. Wenn alle drei Arten vereint sind, dann handelt es sich um eine wahrhaft tiefe Beziehung.

Meiner Meinung nach, und hierfür gibt es keinen wissenschaftlichen Beleg außer meiner eigenen Erfahrung und meiner näheren Bekanntschaft mit 35 Paaren, deren Beziehungen länger als 20 Jahre hielten *und immer noch halten*, kann man Folgendes beobachten: Beziehungen, die länger als 20 Jahre gehalten haben, haben ein interessantes Muster sensitiver Präferenzen: Es sind die genauen *Gegenteile*.

Sie werden sich noch an den Selbsttest von Seite 123 ff. erinnern, mit dessen Hilfe Sie sich selbst in eine Kategorie einstufen konnten. Nehmen wir meine eigene Auswertung als Beispiel. Ich hatte die meisten A, dann kamen die V und zum Schluss die K, also AVK. Das genaue Gegenteil meines Ergebnisses wäre KVA. Schreiben Sie diese beiden Reihenfolgen nebeneinander und es sieht so aus:

A K
V V
K A

Damit haben wir an oberster Stelle zwei Gegenteile, A und K, die die notwendige Spannung und Abwechslung liefern, aber in der Mitte dieselben Präferenzen, in diesem Fall V. Die Beziehung wird durch die gemeinsame visuelle Verbindung zusammengehalten, also eine beiderseitige gemeinsame, unbewusste Wellenlänge. Aber durch die gegensätzlichen A und K wird die Beziehung am Leben erhalten.

Ich habe festgestellt, wenn zwei Menschen „sich in der Mitte treffen" und eine zentrale sensitive Präferenz teilen, egal ob visuell, auditiv oder kinästhetisch, dann geleitet sie diese Verbindung durch harte Zeiten und verleiht den guten Zeiten einen besonderen Glanz. Jede gemeinsame Präferenz hilft der Beziehung – egal ob primäre, sekundäre oder tertiäre Präferenz – wenn die Zeiten rauer werden.

Verbale Anhaltspunkte

Hier gibt es keine festen Regeln, außer dass die Menschen, mit denen Sie sich unterhalten, durch die Wortwahl enthüllen, wie sie ihre Erlebnisse in Worte übersetzen. Achten Sie auf diese Worte und berücksichtigen Sie sie, wenn sie eine Beziehung zu diesem Menschen knüpfen möchten.

Visuelle Schlüsselwörter

Wenn jemand eine bildhafte, metaphorische Sprache benutzt – „da sehen wir jetzt klarer", „ein Unterschied wie Tag und Nacht" – dann deutet das sehr stark darauf hin, dass derjenige sich vorwiegend auf seine visuelle Wahrnehmung stützt.

Konzentrieren Sie sich einmal einen ganzen Tag lang – vom Sonnenaufgang bis zum Sonnenuntergang – auf die visuell orientierten Worte und Sätze, die Sie von anderen hören. Achten Sie so lange auf diese Ausdrücke, bis Sie sie genau so deutlich erkennen wie die, die ich in dem letzten Satz benutzt habe. Die folgende Liste mit bildhaften Ausdrücken hilft Ihnen, sich auf die richtigen Worte zu konzentrieren, während Sie Menschen beobachten, die die Welt über ihre Augen wahrnehmen. Und dann zeigen Sie, wie gut Sie selbst diese Wörter benutzen können. Bemühen Sie sich, „in Farbe" zu reden, indem Sie Wortbilder malen. Beschreiben Sie Ihre Erlebnisse so lebendig, dass andere sie „sehen" können.

Analysieren	Erscheinen
Ansicht	Fantasie
Aspekt	Farbig
Auffällig	Farblos
Aussehen	Flüchtiger Blick
Aussicht	Fokussieren
Bemerken	Geistiges Auge
Beobachten	Glühen
Bild	Hell
Blind	Illusion
Brillant	Inspizieren
Bunt	Klar
Diagramm	Klarheit
Dunkel	Konzentrieren
Düster	Lauern
Einsicht	Lebendig
Enthüllen	Perspektive
Erhellen	Portrait
Erleuchten	Reinheit

Schlechte Sicht
Sehen
Sezieren
Sich vorstellen
Sieht schön aus
Simpel
Starren
Stieren
Überblick
Übersicht
Untersuchen
Verbergen

Vergrößern
Verschwommen
Vision
Vorausschauend
Wahrnehmung
Widerspiegeln
Winkel
Zeichnen
Zeigen
Zeuge
Zwinkern

Visuelle Sprache

Wie sehen Sie sich selbst?
Im Moment alles ein bisschen unklar.
Ich kann mir vorstellen, was Sie meinen.
Er hat so eine facettenreiche Persönlichkeit.
Eine Wohltat für meine schmerzenden Augen.
Da sollten wir uns einen besseren Überblick verschaffen.
Wir sind ein Unternehmen mit Vision.
Wir blicken dem Gegner direkt ins Auge.
Ein bisschen vage.
Ohne den Schatten eines Zweifels.
Wir sehen uns später.
Kannst du dir das vorstellen?
Lass mich eines klarstellen.
Können Sie da Licht in die Sache bringen?
Wir haben eine blendende Zukunft.

Auditive Schlüsselwörter

Achten Sie auf auditive Worte. Lauschen Sie bewusst allen harmonischen Unterhaltungen in Ihrer Umgebung, bis Sie genau wissen, wie sich „Audis" anhören. Hören Sie, wie perfekt sich diese auditiven Worte einfügen! Öffnen Sie Ihre Ohren für all jene, die die Welt durch ihre Ohren sehen und fühlen. Sie werden die Botschaft laut und deutlich hören.

- Ankündigen
- Artikulieren
- Ausgesprochen
- Äußern
- Aussprechen
- Befragen
- Bemerken
- Bemerkung
- Bericht
- Brüllen
- Bumm
- Debatte
- Detailliert beschreiben
- Diskutieren
- Drück dich aus
- Echo
- Einstimmen
- Erfassen
- Erwähnen
- Erzählen
- Flüstern
- Formulieren
- Frage
- Ganz Ohr sein
- Geschichten
- Glockengeläut
- Gut informiert
- Harmonieren
- Hören
- Husch
- Klatsch
- Klick
- Klirren
- Krach
- Kreischen
- Labern
- Lärm
- Laut
- Lippen versiegelt
- Mitschwingen

Noch nie davon gehört
Phrasen
Plappermaul
Plappern
Platsch
Preisgeben
Psst
Quieken
Ruf mich (an)
Rufen
Ruhig
Sagen
Schreien
Schrill
Schwätzen

Sinnloses Geschwätz
Sprachlos
Sprachverhalten
Stille
Taub
Tonfall
Tratsch
Übertönen
Umwandeln
Verborgene Message
Verkünden
Vokal
Wimmern
Wort für Wort
Zuhören

Auditive Sprache

Kommt mir bekannt vor.
Erzähl mir mehr darüber.
Klingelt's bei Dir?
Er gab einen kurzen Abriss über sein Leben.
Wenigstens haben wir ein harmonisches Zuhause.
Sie versprachen mir viele Zuhörer.
Das machte mich völlig sprachlos.
Das sind schreiende Farben.
Mir gefiel sein Tonfall nicht.
Ich werd Dir was sagen.
Ich sag Ihnen wie.
Das ist der letzte Schrei.
Jeder soll seiner Meinung Ausdruck verleihen dürfen.

> Er erhielt donnernden Applaus.
> Da klingeln bei mir die Alarmglocken.
> Halt Deine Zunge im Zaum!

Kinästhetische Schlüsselwörter

Folgende Worte öffnen das Herz der „Kinos". Begeben Sie sich in die Emotionen um Sie herum, bis Sie ein Gefühl dafür bekommen, wie sie fließen. Überwinden Sie Stolpersteine. Bauen Sie sich ein Fundament, das als Grundlage für den Kontakt mit anderen Menschen dient. Benutzen Sie diese konkreten, fassbaren Wörter, die den Kinästheten ansprechen, weil er sich auf das Fühlen konzentriert.

Aalglatt
Aufholen
Aussortieren
Belasten
Berührung
Bewegung
Bricht
Druck
Drücken
Eilen
Ein Dorn im Auge
Ein heller Kopf
Einfangen
Emotional
Enthüllen

Erfassen
Erforschen
Erhitzt
Erträglich
Etwas in den Griff bekommen
Fäuste ballen
Fest
Festnageln
Flach
Fühlen
Fundament
Gefrieren
Gefühllos
Gesettelt

Graben	Schockierend
Halten	Sensibel
Hand in Hand	Solide
Handeln	Spannung
Hart	Strecken
Hineintappen	Stress
Intuition	Strukturiert
Kalt	Trampelig
Kocht über	Umspringen
Konkret	Unerträglich
Kontakt knüpfen	Unstet
Mit dem Strom schwimmen	Unterbesetzt
	Unterstützung
Quetschen	Verbinden
Rauswerfen	Vergraben
Rühren	Verschlossen
Sanft	Warm
Scharf	
Schmerzen	

Kinästhetische Sprache

Welches Gefühl hast du dabei?
Da gab es noch ein paar Hindernisse.
Ich werde noch einmal Kontakt zu ihr aufnehmen.
Da bin ich gerade noch so durchgerutscht.
Ich bin erschüttert.
Ich kann dir nicht folgen.
Lass uns das mal richtig stellen.

> Ich glaub, mich tritt ein Pferd!
> Der hat die Fäden in der Hand.
> Sie bekam das Problem in den Griff.
> Bring es hinter dich.
> Ich werde mit dem Druck nicht fertig.
> Der ist mir ein Dorn im Auge.
> Lass uns in Kontakt bleiben.
> Bleib dran.
> Ich kann Ihnen nichts Konkretes sagen.
> Ich fange bei Null an.
> Den muss man an die Hand nehmen.
> Ich war völlig ruhig und gelassen.
> Lass uns einmal die Möglichkeiten erforschen.

Was Blicke sagen

Ich habe in den letzten Jahren mehr Titelbilder von Modemagazinen mit mehr Models in mehr Ländern geschossen, als ich behalten kann und meistens hatten wir nicht dieselbe Muttersprache. Wenn Ihnen für Ihre Arbeit nichts als Gesicht, Hals und Schultern (und natürlich die außergewöhnlichen Fähigkeiten von Friseuren, Make-up- und Modestylisten) zur Verfügung steht, erkennen Sie bald, dass neben einer leichten Neigung des Kopfes oder des Körpers ein Großteil der Message eines Fotos durch den Gesichtsausdruck erreicht wird, vornehmlich durch die Augen- und Mundpartie. Wenn man ein Modell zum Lächeln bringen will, dann sagt man ihr nicht, dass sie lächeln soll, sondern man bringt sie zum Lächeln.

Um bestimmte Blicke zu erzeugen, genügen in jeder Sprache ein paar Codewörter. Wenn man möchte, dass das Modell seitlich nach oben schaut, genügt es, zu sagen: „Träum einfach", und schon gehen die Augen nach oben und zur einen oder anderen Seite. Worte wie „Geheimnis" oder „Telefon" schicken die Augen zur Seite in Richtung der Ohren. „Traurig", „romantisch" oder „nachdenklich" lässt die Augen normalerweise nach unten und zur Seite wandern.

Die bereits erwähnten Begründer der NLP beobachteten dieses Phänomen der Augenbewegungen und leiteten daraus eine interessante Regel ab. Auf der Grundlage ihrer Erkenntnisse kann man den Augapfel des Menschen als Schalter mit sechs Positionen betrachten, der in eine der sechs Stellungen gebracht werden muss, wenn man auf der Suche nach Informationen ist. Dabei aktiviert jede einzelne Stellung eine Sinneswahrnehmung, das Erinnerungsvermögen oder manchmal das Denkvermögen.

Wenn Sie jemanden nach der Farbe seines Lieblingshemdes fragen, sehen Sie vielleicht, wie er nach oben und nach links schaut, während er sich sein Hemd vorstellt, bevor er Ihnen antwortet. Bitten Sie eine Frau, Ihnen zu sagen, wie sich Seide anfühlt, und die Wahrscheinlichkeit ist groß, dass sie nach unten rechts schaut, während sie versucht sich daran zu erinnern, wie sich Seide anfühlt. Mit anderen Worten, die meisten Menschen müssen den Blick abwenden, wenn sie auf eine Frage antworten sollen. Der Grund dafür ist ganz einfach: Sie verschaffen sich Zugang zu ihren Sinnesorganen.

Achten Sie auf die Augäpfel. Drehen Sie die Lautstärke Ihres Fernseher herunter und beobachten Sie in einer Talkshow, wie die Augen der Gäste bei der Suche nach Antworten auf die Fragen des Reporters auf die Jagd gehen.

Stellen Sie, bevor Sie weiterlesen, jemandem eine Frage. Schauen Sie der Person ins Auge und stellen Sie, ohne Ihre Absicht zu verraten, eine ganz unspezifische Frage, z.B.: „Was hat dir an deinem letzten Urlaub (Geburtstag, Arbeitsplatz) am besten gefallen?" Und dann beobachten Sie, wie die Augen des Befragten sich nach der Antwort auf Wanderschaft begeben. Sie bekommen einen recht guten Eindruck davon, wie er oder sie seine Informationen speichert und abruft – als Bilder, als Geräusche oder als Gefühle. Ein wiederholtes Zurückgreifen auf eine bestimmte Sinneswahrnehmung lässt ebenfalls auf eine sensorische Präferenz schließen.

Menschen, die solche Fragen beantworten, nachdem sie nach oben links oder rechts gesehen haben, sehen die Antwort meistens bildhaft vor sich, sie visualisieren sie. Wenn sie eher nach rechts oder links zum Ohr schauen, versuchen sie wahrscheinlich, sich an auditive Informationen zu erinnern. Und wenn sie nach unten links schauen, machen sie sich auf die Suche nach ihren Gefühlen und wenn sie nach unten rechts blicken, treten sie in einen inneren Dialog. Die Wissenschaft vertritt unterschiedliche Ansichten darüber, ob diese aus dem NLP abgeleiteten Hinweise wirklich zuverlässig sind, aber ich finde sie ziemlich aussagekräftig und vor allem führen sie dazu, dass Menschen aktiv Blickkontakt suchen, obwohl sie eigentlich zu schüchtern dazu sind, jemandem direkt in die Augen zu blicken, ohne sich dabei unwohl zu fühlen.

Außerdem ist noch eine Tatsache interessant: Wenn jemand nach links schaut, *erinnert* er sich an eine Information, wenn er in die andere Richtung schaut, nach rechts, *konstruiert* er sie.

Vergessen Sie aber nicht, dass bei Ihrem Gesprächspartner in einer Unterhaltung möglicherweise mehrere mentale Vorgänge gleichzeitig ablaufen. Wenn ein Typ ein junges Mädchen beispielsweise fragt: „Schon den neuesten Bruce-Willis-Film gesehen?" „Ja", sagt sie und erinnert sich daran, wie sie an der Kasse in der Schlange gestanden hat. Aber gleichzeitig läuft in ihrem Kopf folgender Dialog ab: „Was für ein langweiliger Typ. Bin ich mit meinem Urteil voreilig?

Nein, er ist ein Langweiler. Wie werde ich den bloß wieder los?" Und dann sagt er: „Wollen wir Samstagabend ausgehen?" Auf der Suche nach einer Ausrede, stottert sie schließlich: „Ohje, ich kann nicht, ich muss, äh, für Montag einen Bericht fertig schreiben." Dabei wandern ihre Augen zur anderen Seite, während sie sich selbst am Küchentisch mit ihrem Laptop sitzen sieht.

> **Präferenzen erkennen – eine Übung:**
> **Das verschlossene Gehirn**
>
> Bitten Sie doch einmal einen Freund, folgende Fragen zu beantworten, ohne dabei die Augen zu bewegen. Er soll Ihnen während der gesamten Zeit direkt in die Augen sehen und seine Augäpfel ganz still halten. Und dann stellen Sie die erste Frage:
> „Magst du das Haus (die Wohnung), in dem du wohnst?"
> Je nachdem, ob er ja oder nein antwortet, bitten Sie ihn weiter:
> „Liste schnell sechs Dinge auf, die du an deiner Wohnung magst (oder nicht magst)."
> Entweder wird Ihrem Freund gar nichts einfallen, oder er wird große Mühe haben, sich auf die Antworten zu konzentrieren. Sich vorzustellen, wie etwas aussieht, sich anfühlt oder anhört, ohne dabei die Augen zu bewegen, ist fast unmöglich. Er wird sich wie das Kaninchen fühlen, das regungslos im Scheinwerferlicht eines Autos sitzt.
> Hypnotiseure wissen, wenn es ihnen gelingt zu verhindern, dass sich die Augen des Hypnotisierten bewegen, dann ist derjenige auch nicht in der Lage, zu denken. Auf ähnliche Weise kann man auch einen Zustand der Meditation erreichen. Starren Sie mit offenen Augen auf einen Fixpunkt oder konzentrieren Sie Ihre Aufmerksamkeit auf einen bestimmten Punkt – Ihre Stirn beispielsweise – während Sie die Augen geschlossen halten. Vorausgesetzt, dass es Ihnen gelingt, nicht abzuschweifen, wird Ihr innerer Dialog aufhören und Sie verlieren jedes Zeitgefühl.

Sind Sie ein wenig verwirrt? Sehen Sie sich folgende Grafik an:

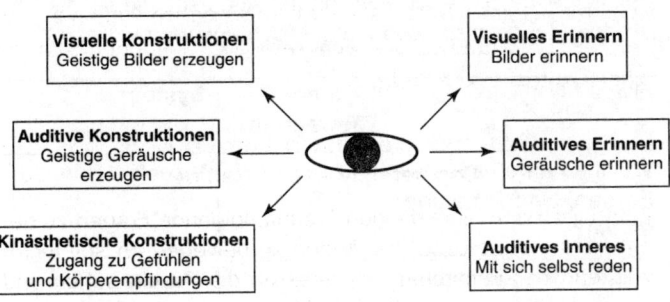

Um Verwirrung zu vermeiden, stellen Sie sich vor, dass diese Grafik auf der Stirn der Person klebt, mit der Sie sich gerade unterhalten. Dabei spielt es keine Rolle, was rechts und links steht; betrachten Sie die Grafik einfach so, als würden Sie die andere Person direkt ansehen. (Meistens treffen die Richtungen auf Rechtshänder zu, die ca. 90 Prozent der Bevölkerung ausmachen.)

Diese Augenbewegungen haben nichts mit denen zu tun, die Sie durchführen, wenn Sie in einem Raum umhersehen oder über eine Landschaft blicken – sie sind auch völlig losgelöst von der Fähigkeit zu sehen. Ihre Augen dienen zwei unterschiedlichen Zwecken: 1. Sich umzuschauen, um herauszufinden, was so passiert und 2. die sensorischen Erinnerungskanäle zu aktivieren.

Was die Augen verraten – eine Übung: Augen sagen alles

Richten Sie sich nach der Grafik von S. 151 und malen Sie in nachfolgende Bilder die Position der Augäpfel, die sie als Reaktion auf die entsprechenden Fragen erwarten würden.

Frage	Augenbewegung	System
Welche Farbe haben die Socken, die Sie gerade tragen?		Visuelles Erinnern
Wie würden Sie in einer grünen Jacke aussehen?		Visuelle Konstruktion
Können Sie sich daran erinnern, wie das Stück „Jailhouse Rock" von Elvis Presley klingt?		Auditives Erinnern
Wie würde es sich anhören, wenn man es auf dem Dudelsack spielen würde?		Auditive Konstruktion
Wie fühlt sich Sand an?		Kinästhetisches Erinnorn
Was sagen Sie sich gerade?		Auditives Inneres (mit sich selbst reden)

Ingrids wohlverdienter Urlaub

Es ist ihr 40. Geburtstag und Ingrid hat beschlossen, sich mit einem All-Inclusive-Urlaub in Portugal zu belohnen. Bei einem Spaziergang durch das nachbarliche Einkaufscenter sieht sie ein Reisebüro, das ihr bisher noch nicht aufgefallen war. Dort trifft sie Herrn Schneider, dem das Büro gehört, und erzählt ihm von ihren aufregenden Plänen.

„Ich hab' einfach das Gefühl, ich müsste mal raus und mich endlich einmal selbst belohnen", sagt sie zu Herrn Schneider, während sie sich auf einen Stuhl an seinem Schreibtisch setzt. Sie streicht das Kleid über ihren Knien glatt und schaut nach unten rechts. „Ich habe bei der Arbeit im Moment so viel Stress, dass ich mich mal ein bisschen entspannen muss." Seufzend schlägt sie ein Bein über das andere, beugt sich leicht nach vorne, schüttelt leicht den Kopf und sagt: „Der Druck im Büro frisst mich auf."

Herr Schneider ist hocherfreut. Ganz offensichtlich sitzt da ein sicherer Umsatz vor ihm. Er lehnt sich in seinem Stuhl zurück, breitet die Arme aus, klatscht laut in die Hände und lächelt Ingrid an.

„Mensch", sagt er, „da habe ich doch glatt den Traumurlaub für Sie." Er wurstelt sich durch einen Stapel Prospekte auf seinem Schreibtisch. „Werfen Sie doch einmal einen Blick hierauf."

Er reicht Ingrid einen farbenprächtigen Katalog, vollgepflastert mit den üblichen Palmen und dem strahlend blauen Himmel. Ohne ihre Reaktion abzuwarten, setzt er nach:

„Sieht fantastisch aus, gell? Sehen Sie doch nur die Farbe des Wassers – tiefes Türkis! Und all diese niedlichen kleinen Häuschen mit den roten Dächern! Und sehen Sie sich nicht schon an einem dieser langen, weißen Strände liegen?" Er schaut nach oben rechts, während er sich dieses Bild vorstellt.

Ingrid rutscht auf ihrem Stuhl zurück, das Herz sinkt ihr in die Knie. Irgendwie kommt ihr Portugal, trotz der tollen Bilder

in dem Katalog und den leidenschaftlichen Beschreibungen von Herrn Schneider, weiter entfernt vor als je zuvor.
Wo liegt das Problem?
Erraten! Ingrid erfasst die Welt durch ihr Fühlen. Schauen wir uns doch nur einmal ihre Wortwahl an: Sie „hat das Gefühl" sie müsste sich „verwöhnen". Sie sehnt sich danach, dem „Druck" und dem „Stress" zu entkommen. Ihre Sprache, ihr Tonfall und ihre Gesten sind aufschlussreich. Sie schaut nach unten, auf ihre Gefühle. Was für Ingrid am meisten zählt ist, wie sich Dinge anfühlen.

Wenn Herr Schneider auf diese Hinweise geachtet hätte, hätte er ihr ganz sanft ein Gefühl von Vertrauen, Teilnahme und Wärme vermittelt. „Okay, meine Dame", hätte er gesagt, „ich kann Ihnen folgen. Ich weiß, was Sie mit Druck meinen und da habe ich genau das richtige Plätzchen für Sie. Der Sand ist weich und warm und das Gefühl, das die sanften Wellen Ihnen geben, wenn sie über Ihrem Körper zusammenschlagen... Und die Betten in dieser Anlage sind besonders bequem und kühl ..." Er hätte denselben Kanal benutzt, den Ingrid schon seit vier Jahrzehnten verwendet.

Herr Schneider hätte die vier Schritte befolgen sollen, die notwendig sind, wenn man jemanden bewusst kennen lernen möchte: 1. Eine absolut nützliche Grundeinstellung einnehmen, die einem auf dem Weg zum Ziel hilft, 2. ihre Körpersprache und ihren Tonfall synchronisieren, 3. offene Fragen stellen und aktiv zuhören und 4. ihre sensorischen Präferenzen erspüren.

Wenn Sie zum ersten Mal versuchen, die Augenbewegungen zu interpretieren, kommt es Ihnen vielleicht vor, als würden die Augen ganz zufällig hin und her wandern. Alles, was Sie brauchen, ist ein wenig Übung, um diese Bewegungen lesen zu können.

Machen Sie sich einen Spaß daraus, machen Sie es sich zur Gewohnheit und vor allem, sagen Sie nie jemandem, was Sie tun. Das würde – zu Recht – dazu führen, dass Ihre

Gesprächspartner unsicher werden und sich bloßgestellt fühlen. Behalten Sie diese Fähigkeit für sich.

Das große Ganze

Alles, was wir hinsichtlich der Hinweise, die uns die Wortwahl und die Augenbewegung unseres Gegenübers erörtert haben, ist für jeden wichtig, der zu anderen Menschen Kontakt knüpfen möchte und bewusst Beziehungen aufbauen will. Wenn Sie erkennen können, zu welchem „Typ" oder welcher „Kategorie" jemand, den Sie gerade kennen gelernt haben, gehört, können Sie mit ihr oder ihm auf einer Wellenlänge kommunizieren, sei es nun visuell, auditiv oder kinästhetisch.

Somit sind Sie bereits Stunden – wenn nicht Jahre – weiter, als wenn Sie nicht wüssten, wie man die sensorischen Präferenzen anderer erkennt.

Ein Gespür für die sensorischen Präferenzen anderer zu entwickeln heißt, anderen sehr große Aufmerksamkeit zu widmen – und schon dadurch konzentrieren Sie sich viel mehr auf Ihre Gesprächspartner.

Auf den nächsten Seiten finden Sie vier schnelle schriftliche Übungen, die Ihnen helfen, das Gelernte zu festigen. Kopieren Sie diese Seiten oder schreiben Sie einfach in dieses Buch. Füllen Sie so viel aus, wie Sie können, ohne im Buch zurückzublättern.

Auditive Typen verspüren das Bedürfnis, sich die Antworten vorzusagen, visuelle Typen versuchen, sich die Antworten bildlich vorzustellen, aber die Antworten müssen aufgeschrieben werden. Dadurch sind Sie gezwungen, alle drei Sinne zu benutzen – und das ist die schnellste Möglichkeit, um diese Informationen in Ihr Gedächtnis aufzunehmen und zu ihren Talenten hinzuzufügen.

Wenn Sie so viel ausgefüllt haben, wie Sie können, blättern Sie zurück zu den vorherigen Seiten und ergänzen Sie Ihre Antworten.

Diese Anhaltspunkte zur Bestimmung sensorischer Präferenzen sind natürlich Verallgemeinerungen. Aber wenn mehrere dieser Verallgemeinerungen auf ein und dasselbe Ergebnis hinweisen, ist die Wahrscheinlichkeit ziemlich groß, dass Sie herausgefunden haben, durch welches Sinnesorgan jemand die Welt überwiegend erfasst. Das ist dann das wirkungsvollste Werkzeug, über das Sie verfügen, um zu anderen Menschen einen guten Draht zu finden.

Worin unterscheiden sie sich äußerlich?

Visuelle Typen	Auditive Typen	Kinästhetische Typen

Inwiefern hören sie sich unterschiedlich an?

Visuelle Typen	Auditive Typen	Kinästhetische Typen

Welche unterschiedliche Kleidung tragen sie?

Visuelle Typen	Auditive Typen	Kinästhetische Typen

Welche Geschenke würden Sie ihnen kaufen?

Visuelle Typen	Auditive Typen	Kinästhetische Typen

10

Das Puzzle zusammensetzen

Die Menschen fühlen sich zueinander hingezogen und sehnen sich danach, sich zu verbinden – und gemocht zu werden.

Menschen, die erfolgreich und gut kommunizieren können, gehen nicht jeden Tag aufs Neue mit einer ganzen Ladung voller Fähigkeiten und Techniken los, sondern sie nehmen das, was sie tun, als selbstverständlich hin. Dieses „Laufenlassen" ist es, wodurch die Dinge im Leben reibungslos verlaufen. Das ist der Unterschied zwischen jenen, die ständig kämpfen aber nichts erreichen und denen, die scheinbar kaum etwas tun und alles haben.

Je mehr Sie Ihr Verhalten an das anpassen, was Sie hier gelernt haben, desto müheloser werden Sie zu anderen Menschen einen Draht finden. Natürlich müssen Sie üben, aber schon bald wird es Ihnen zur zweiten Natur werden, wie Schwimmen oder Fahrradfahren, zwei weitere Fähigkeiten, die man erst erlernt, wenn man die Zweifel beiseite wischt und Zuversicht gewinnt.

In diesem Buch geht es darum, wie man den Zugang zu seiner größten Ressource bekommt, zu anderen Menschen. Es geht darum, Beziehungen zu knüpfen, indem man sich mental auf die Ebene der anderen begibt. Sie haben gelernt, dass ein guter Draht die Verbindung zwischen dem ersten Kennenlernen und einer guten Kommunikation ist und wie die Qualität und Tiefe einer Beziehung Einfluss darauf haben kann, welches Ergebnis Sie erzielen. Eine Beziehung entsteht absichtlich oder durch Zufall.

Wir haben uns damit beschäftigt, welche Bedeutung die Kommunikation hat, die Sie als Reaktion auf Ihr Verhalten bekommen und dass ein bisschen DAS Ihnen auf dem Weg zu Ihrem Ziel ein großes Stück weiterhilft – und zwar nicht nur was Ihre Kommunikation angeht, sondern in allen Lebensbereichen, in denen Sie ein positives Ergebnis erzielen möchten.

Wenn man jemanden neu kennen lernt, läuft diese Phase standardmäßig so ab: Öffnen, Blickkontakt, Strahlen, „Hi!", nach vorne lehnen. Sie sind derjenige, der mit der offenen Körpersprache, dem Blickkontakt, dem Lächeln und dem „Hi!" beginnen muss und beim Nach-vorne-lehnen können Sie schon mit dem Synchronisieren beginnen. Daran sollten Sie sich erinnern, wenn Sie Ihr Herz jemandem zuwenden. Dann vermitteln Sie Offenheit.

Sie können sich für eine bestimmte Grundeinstellung entscheiden. Eine absolut nützliche Grundeinstellung beeinflusst entscheidend, wie andere Sie wahrnehmen und wie Sie sich selbst fühlen. Sie wissen, dass Ihre Grundeinstellung dafür sorgt, dass Ihr Verhalten in allen drei „V-"Bereichen kongruent und glaubhaft ist. Mit anderen Worten, wenn Sie eine absolut *nutzlose* Grundeinstellung haben, wie beispielsweise Wut, dann sehen Sie wütend aus, hören sich wütend an und benutzen wütende Worte – nicht sehr ansprechend! Wenn Sie aber eine absolut *nützliche* Grundeinstellung haben, wenn Sie beispielsweise Warmherzigkeit signalisieren, dann sehen Sie warmherzig aus, klingen warmherzig und benutzen warmherzige Worte.

Wir haben über Körpersprache (offene und geschlossene) gesprochen und dargelegt, wie diese zusammen mit dem Gesichtsausdruck und den Gesten, 55 Prozent des Eindrucks ausmachen, den andere von uns bekommen. Deshalb ist das Synchronisieren so wichtig, wenn man gezielt eine Beziehung knüpfen möchte.

Wenn wir sagen: „Ich mag dich", dann meinen wir eigentlich: „Ich bin dir ähnlich". Wenn wir gezielt eine Beziehung knüpfen möchten, dann warten wir nicht hoffnungsvoll darauf, dass wir zufällig etwas mit unserem Gesprächspartner gemeinsam haben; wir übernehmen aktiv seine Körpersprache, seinen Tonfall und seine Worte. Wir wissen, dass wir unser ganzes Leben lang unbewusst emotionales Feedback der Menschen, die uns beeinflusst haben – Eltern, Familienmitglieder, Lehrer und so weiter – synchronisiert haben. Deshalb ist es gar nicht schwer und nur natürlich, dass wir das Verhalten anderer synchronisieren, damit sie sich in unserer Gegenwart wohl fühlen.

Wenn es darum geht, sich mit neuen Bekannten zu unterhalten, haben wir gelernt, dass Fragen der Motor einer Unterhaltung sind und dass man sie in zwei Kategorien unterteilen kann: offene und geschlossene Fragen. Offene Fragen öffnen die Menschen, und das ist das Ziel einer Unterhaltung. Sie wissen jetzt, dass körperliches und verbales Feedback „den Ball im Spiel halten". Konversation bedeutet, anderen die eigenen Erlebnisse zu beschreiben, und je farbenfroher dies geschieht, je besser man „in Farbe reden" kann, desto besser kann der andere sich die Erlebnisse vorstellen und an ihnen teilhaben. Die Folge ist, dass die Verbindung zwischen Ihnen stärker wird.

Sie haben, zu Ihrer Überraschung und Freude, gelernt, dass jeder, den Sie kennen lernen oder bereits kennen, ein sensorisches Rätsel darstellt. Verlässt sich der Betreffende lieber auf seine visuellen, auditiven oder kinästhetischen Eindrücke? Sie haben einen ersten Einblick in deren Umwelterfassung zu bekommen.

Tatsache ist, selbst wenn Sie damit begonnen haben, die in diesem Buch vorgestellten Techniken anzuwenden und alles falsch gemacht haben, machen Sie es trotzdem richtig! Sie sind im Umgang mit anderen proaktiv, im Gegensatz zu jenen, die sich reaktiv oder passiv verhalten. Es besteht keine Gefahr. Sie können nicht verlieren! Wenn Sie die Körpersprache, die Wortwahl und die Augenbewegung anderer beobachten, Feedback geben und eine Unterhaltung im Gang halten, dann sind Sie bereits proaktiv und können gar nicht verhindern, dass man Sie mag. So lange Sie dabei eine absolut nützliche Grundeinstellung behalten.

Wo soll ich anfangen?

Ich möchte noch einmal betonen, dass es hier nicht um eine ganz neue Lebensart geht. Ich habe Ihnen keinen Zauberstab in die Hand gedrückt, mit dem Sie jetzt auf die Straße gehen, die Leute antippen und dazu bringen können, Sie zu mögen. Hier geht es um Werkzeuge und Techniken die Ihnen helfen, schnell einen Draht zu anderen zu finden.

Wir haben die vier wichtigsten Bereiche abgedeckt, damit Sie in 90 Sekunden und weniger beliebt sind: Einstellung, Synchronisation, Unterhaltung und sensorische Präferenzen. Eine Steigerung in einem dieser Bereiche wird Ihre Kommunikationsfähigkeit verbessern. Wenn Sie lernen, alle vier Bereiche in Ihre zwischenmenschlichen Begegnungen einzubinden, werden Sie die Wirkung immer stärker spüren.

Sie wissen jetzt, warum Sie zu einigen Menschen automatisch einen guten Draht finden und zu anderen nicht, und seit Sie begonnen haben, dieses Buch zu lesen, haben Sie wahrscheinlich auch schon Ihre privaten und beruflichen Beziehungen verbessert. Sie gehen jetzt mit mehr Zuversicht und Aufrichtigkeit auf andere zu und genießen jede neue Begegnung. Und Sie haben erkannt, dass Sie über die meisten der Fähigkeiten, die man benötigt, um ganz automatisch gute Beziehungen zu knüpfen, bereits verfügten.

Je häufiger Sie die Werkzeuge, die Ihnen in diesem Buch vorgestellt wurden, benutzen – von dem Image, das Sie mit einer absolut nützlichen Grundeinstellung vermitteln, bis zur Aufrichtigkeit und dem Charisma, das Sie mit Ihrer Begrüßung ausstrahlen, von der Anteilnahme, die durch das Synchronisieren vermittelt wird, bis zur Fähigkeit, zu erkennen, welche sensorischen Präferenzen jemand hat – desto leichter wird es Ihnen fallen, Kontakte zu knüpfen und in weniger als 90 Sekunden beliebt zu sein.

Wenn ich diese vier Bereiche nach ihrer Priorität ordnen müsste, steht die absolut nützliche Grundeinstellung ganz oben, weil durch sie gute Gefühle bei einem selbst und bei anderen ausgelöst werden. Eine bestimmte Grundeinstellung ist ansteckend, für jeden erkennbar und prägend. Ihre Grundeinstellung bestimmt Ihre Körpersprache, den Tonfall und die Worte, die Sie benutzen. Sie werden sofort eine Verbesserung Ihrer Fähigkeit, Beziehungen zu knüpfen erkennen, wenn Sie an Ihrer Grundeinstellung arbeiten. Die Kehrseite der Medaille ist, dass Ihre Grundeinstellung, wenn Sie sie nicht in den Griff bekommen, gegen Sie arbeitet – und zwar genauso schnell. Eine bestimmte Grundeinstellung wirkt anziehend oder abschreckend.

An zweiter Stelle steht zweifellos die Macht der Synchronisation. Wie Sie gesehen haben, ist die Synchronisation Teil unseres natürlichen Auftretens und mit Menschen, die wir mögen, haben wir sie schon immer praktiziert. Wenn Sie jemanden kennen lernen, zu dem Sie schnell eine Beziehung knüpfen möchten, beginnen Sie sofort mit dem Synchronisieren. Zunächst kommt Ihnen das vielleicht merkwürdig vor, wenn Sie die Übung für drei Personen auf Seite 88 noch nicht gemacht haben. Aber dann werden Sie sich fragen, wie Sie bisher ohne das Synchronisieren ausgekommen sind. Zwei oder drei Tage sind ausreichend, um wirklich gut darin zu werden. Denn schließlich haben Sie das ja schon auf die eine oder andere Art Ihr Leben lang gemacht, zumindest bei Menschen, die Ihnen nahe stehen.

Wenn Ihre Konversationsfähigkeiten besser werden und Sie andere dazu ermutigen, möglichst viel zu reden, haben Sie genügend Zeit, ihre Beobachtungen hinsichtlich der sensorischen Präferenzen anzustellen. Gehen Sie die Sache langsam an. Erinnern Sie sich noch an die 3D-Bücher aus den Neunzigerjahren? Man starrte auf ein merkwürdig aussehendes Bild und langsam, allmählich, gewöhnten sich die Augen daran und man sah ein dreidimensionales Bild. So ist es auch mit dem Erkennen sensorischer Präferenzen. Sie schauen und suchen und sind schon ganz frustriert, bis sich plötzlich Ihre Sichtweise verändert und Ihre Mitmenschen in einem ganz anderen Licht erscheinen. Und dann können Sie auf einer unbewussten Ebene eine sehr intensive Beziehung knüpfen. Auch nach den 90 Sekunden geht die Entdeckungsreise nach den sensorischen Präferenzen weiter und führt sie in eine immer tiefer gehende Beziehung zu diesem neuen Menschen – Ihrer neuesten wunderbaren Ressource.

Sie befinden sich also auf einer Sitzung und haben gerade Sylvia Kaufmann kennen gelernt, die Abteilungsleiterin der Abteilung, in der Sie gerne arbeiten würden. Die Begegnung verläuft reibungslos, herzlich, aufrichtig und respektvoll. Ihre absolut nützliche Grundeinstellung und offene Art führte zu einer perfekten „Begrüßung". Obwohl noch sieben andere Personen anwesend sind, synchronisieren Sie ihre Körperbewegungen, allerdings ohne Blickkontakt zu bekommen. Ihr Unterbewusstsein nimmt das auf. Dann ein zufälliger Blickkontakt, sie lächelt freundlich, Sie erwidern das Lächeln – BINGO! Sie haben das täglich geübt und aufgrund ihrer Kleidung, ihrer Stimme, ihrer Wortwahl, ihrer Augenbewegungen und ihres Tonfalls erfasst, dass sie wahrscheinlich ein auditiver Typ ist. Als Sie mit Sprechen dran sind, synchronisieren sie ihren Tonfall und benutzen auditive Wörter („Das hört sich toll an.", „Jeder hatte Gelegenheit, seine Meinung zu äußern.") Wie kann diese fremde Frau Sie nicht mögen, wenn Sie ihr so ähnlich sind, sich so ähnlich anhören und bewegen? In der Pause nehmen Sie sie beiseite.

„Ich würde gerne noch mehr über Ihre Idee hören", beginnen Sie.

„Haben wir uns nicht schon mal irgendwo gesehen?" fragt Frau Kaufmann.

„Ich glaube, sie mag dich", flüstert die kleine Stimme in Ihrem Kopf.

Bestimmte Dinge einfach voraussetzen

Während ich dieses Buch schreibe, gehe ich davon aus, dass ich Sie, den Leser, mag. Ich gehe davon aus, dass Sie mich brauchen. Und außerdem gehe ich davon aus, dass ich Recht habe. Das gibt mir das Selbstvertrauen, weiterzuschreiben. Wir brauchen einander; das ist die wahre Grundlage für unsere Beziehungen. Und schon sind wir dabei, miteinander in Kontakt zu treten.

Wir können die Kraft unserer Fantasie nutzen, um nützliche Annahmen zu treffen. Wir bekommen von unseren fünf Sinnen so viele Informationen übermittelt, dass wir sie nicht alle bewusst verarbeiten können. Stattdessen werden sie in drei unterschiedliche Haufen sortiert. Den größten Haufen der Informationen *löschen* Sie aus Ihrem Bewusstsein. So waren Sie sich Ihres linken Fußes eben gar nicht bewusst, bis ich Ihre Aufmerksamkeit darauf gelenkt habe und Sie haben wahrscheinlich keine Ahnung davon, wie Ihre Fingernägel wachsen. Den zweiten Haufen *verändern* Sie; Sie speisen ihn in Ihre Fantasie ein und spielen damit herum, stellen sich den bevorstehenden Urlaub vor, machen sich verrückt, ob der Gashahn abgestellt ist und solche Dinge. Und den dritten Haufen speichern Sie unter *Verallgemeinerungen* oder Annahmen ab. Wenn Sie schon einmal eine Bratpfanne gesehen haben, dann können Sie die Annahme machen, dass das große metallene Ding auf dem Herd Ihres Nachbarn mit dem langen Griff und den knusprigen Pfannkuchen eine Pfanne ist. Sie müssen nicht jedes Mal wieder herausfinden, was es ist. Ihr Gehirn macht allgemeine Annahmen. Annahmen sind bestenfalls gut zum Lernen, aber im umgekehrten Fall führen sie zu voreingenommenen, unfairen, engstirnigen und gefährlichen Fantasien. Wenn Ihre Fantasie Informationen so verändert hat, dass Sie sich vor Menschen fürchten, dann sollten Sie sich wenigstens darüber im Klaren sein, dass Ihre Fantasie Sie dazu verführt, negative Annahmen über Menschen zu machen, die auf Erfahrungen aus der Vergangenheit basieren. In diesem Fall bestimmt Ihre Fantasie das Geschehen und es steht eins zu null gegen Sie.

Sie müssen Ihre Fantasie in den Griff bekommen. Betrachten Sie sie als das Vehikel, mit dem man Spaß haben kann und benutzen Sie sie, um eine absolut nützliche Grundeinstellung zu bekommen. Hier ein paar Annahmen, mit denen Sie beginnen können. Schließen Sie, nachdem Sie sie gelesen haben, die Augen und achten Sie darauf, wie sie sich anfühlen und anhören und wie sie aussehen:

Gehen Sie von einem Mindestmaß an gemeinsamem Draht und Vertrauen aus.

Gehen Sie davon aus und vertrauen Sie darauf, dass Sie sie mögen und dass sie Sie mögen werden.

Gehen Sie davon aus, dass das, was Sie mit anderen vorhaben – Beziehungen herstellen, synchronisieren – funktioniert.

Gehen Sie davon aus, dass man im Zweifel für den Angeklagten (Sie!) urteilt.

Gehen Sie davon aus, dass das, was Sie aus diesem Buch gelernt haben, bei Ihnen funktioniert, weil es bei Tausenden anderer Menschen funktioniert hat.

Gehen Sie davon aus, dass Sie im Leben der Menschen, denen Sie begegnen, etwas verändern.

Gehen Sie davon aus, dass diese Veränderung eine Veränderung zum Positiven ist und zwar nicht nur im Leben dieser Menschen, sondern in Ihrer Umgebung insgesamt.

Gehen Sie davon aus, dass eine Umgebung, in der die Menschen sich verbunden fühlen, eine Umgebung ist, in der man einander ermutigt, aufrichtet und fördert.

Menschen mit persönlichen Beziehungen leben länger; Menschen mit Beziehungen bekommen Unterstützung; Menschen mit Beziehungen fühlen sich sicher und stark und Menschen mit guten Beziehungen entwickeln sich weiter. Zusammen geht es aufwärts oder abwärts, zusammen schwimmen wir oben oder gehen unter, zusammen lachen und weinen wir. Und wenn alles gesagt und getan ist, sind es unsere Mitmenschen, die harte Zeiten erträglich und schöne Zeiten noch viel schöner machen.

Eine moderne Parabel

In letzter Zeit habe ich viel mit Highschool Studenten gesprochen. Viele von ihnen suchen eine Teilzeit- oder Saisonbeschäftigung und müssen ihre Fähigkeiten als Stellenbewerber verbessern und lernen, mit Menschen umzugehen. Ich werde nie einen Studenten vergessen, der plötzlich meinen Vortrag unterbrach.

„Hey Mann, ich habe haufenweise Bewerbungsgespräche und keiner nimmt mich", blaffte er. „Ich hab's beim Gemüsehändler, in einer Drogerie, im Büro probiert ..."

Andere Studenten neben ihm, begannen zu kichern. Der Grund dafür war ziemlich offensichtlich. Der junge Mann trug zerrissene Militärhosen und ein T-Shirt, auf das mit Farbe das Wort „Rancid" geschmiert war, der Name einer Punk Band. Im linken Ohr hatte er drei Piercings und einen Nasenring trug er ebenfalls. Und um dem ganzen die Krone aufzusetzen, trug er einen hellgrünen Irokesenschnitt.

„Was möchten Sie", fragte ich ihn.

„'Nen Job, was denk'n denn Sie?"

„Haben Sie schon einmal daran gedacht, Ihr Verhalten zu ändern, um zu bekommen, was Sie wollen?"

Er stierte mich mit verschränkten Armen an. „Was ändern?"

„Wie wär's zum Beispiel mit Ihrem Aussehen?" fragte ich und lehnte mich nach vorne.

„Auf keinen Fall, Mann!" brüllte er fast. „Wenn denen nicht gefällt, wie ich aussehe, dann ist das Diskriminierung!"

„Wissen Sie, ich sehe ja Ihr Problem", sagte ich (er war ein visueller Typ). „Aber wir beide wissen, wie die Welt nun einmal tickt. Also was wollen Sie? Den Job oder die Frisur?"

Es herrschte eine ziemlich lange Zeit Stille. Schließlich nahm er die Arme auseinander, die Augen gingen nach oben. „Den Job, schätze ich", murmelte er. Einige der Studenten lachten freundlich. Langsam begann auch er zu lachen. Und dann lachten wir alle. Und genau darum geht es.

Über den Autor

Der international anerkannte ehemalige Mode- und Werbefotograf Nicholas Boothmann erkannte, dass seine Arbeit für Kunden wie AT&T und Revlon davon abhing, dass er zu seinen Modellen einen gemeinsamen Draht fand. Entschlossen, sich eingehender damit zu beschäftigen, wie Menschen Kontakte knüpfen, legte er die Kamera weg und erwarb die Lizenz als Dozent für Neuro-Linguistische Programmierung (NLP). Heute gibt er sein Wissen an Zuhörer auf drei Kontinenten weiter, hält Vorträge, leitet Seminare und liefert seinen Zuhörern konkrete Kommunikationswerkzeuge. Wenn er nicht in der Weltgeschichte herumreist, wohnt er mit seiner Frau Wendy und den gemeinsamen fünf Kindern in Kanada. Seine Webadresse lautet:

www.nicholasboothman.com.

Stichwortverzeichnis

90 Sekunden 21, 23, 25, 37, 40, 77, 162f.

A

Alameda County Studie 17
Atmung 88
Aufmerksamkeit(-s) 20, 22, 27, 31, 137
-spanne 22
Augenbewegung 35, 151, 154, 156

B

Begegnungen 100
Begrüßung 26, 29
Beliebtheit 20, 22
Beziehung 15–18, 23, 25f., 30, 79, 114, 127, 139, 159, 163
Bewerbungsgespräch 167
Bigtalk 110
Blick 147
Blickkontakt 26, 27, 96, 160
Botschaft 32, 39, 50, 65f.
Bulle 81

C

Charisma 30, 163

D

DAS 34, 49, 83, 128, 160
Denkvermögen 148

E

Eindruck, erster 25, 57, 114ff.
Emotion 145
Energie 29

Erinnerung 151
Erinnerungsvermögen 148

F

Fantasie 165f.
Feedback 33, 41, 161
– emotionales 18, 74, 161
– körperliches 109
Flirten 63
Fragen 97
– offene 97, 161
– geschlossene 100, 161
Gemeinschaft 18f.
Geschwindigkeit 91
Gesichtsausdruck 88, 147
Gesprächseröffnung 100
Gesten 60f., 68, 86
Glaubwürdigkeit 114
Gratisinformation 104, 106
Grundeinstellung 34, 47, 53, 62, 71, 81, 160
– nützliche 47f., 50ff., 55, 83, 113, 119, 166
– nutzlose 49, 51f., 113, 119
Grundhaltung 23, 27, 84

H

Händeschütteln 28f.
Herz 29
Hinwendung 28
Hörweisen 130

I

Image 56
Intention 33
International Longevity Centers 17
Internet 19
Intonation 91

K

K.O.-Kriterien 71
Kommunikation 22, 29, 30, 32f., 66f., 78, 159
Kommunikationsfähigkeit 31f., 162f.
Kompliment 111, 113
Kongruenz 64, 67, 69
Kontakt 15, 20f., 25, 27, 77, 156, 165
– absichtlicher 43f.
– zufälliger 42
Konversation 31, 96
Körperbewegung 87
Körperhaltung 26, 87, 109, 120
Körpersprache 19, 27, 31, 34, 44, 47, 57, 74, 84, 120, 160
– offene 58, 83
– geschlossene 60

L

Lautstärke 91
Lieblingssinn 45

M

Macht 29
McArthur Foundation 17
Muster 73

N

NLP 32, 120, 148f.

P

Parabel 167
Persönlichkeit 23, 31
Phase 25, 31
Psyche 35

R

Ressource 15, 79, 159
Rhythmus 90f.

S
Schlüsselwörter 140, 143, 145
Selbsttest 123
Sichtweisen 130
Signale 21, 34, 41, 56
Sinnes-
– typen 126, 134
– wahrnehmung 31, 121ff., 148, 149
Smalltalk 96, 110
Sprache 127, 139, 142, 144, 146ff.
Stimmübung 112
Synchronismus 34, 77, 79, 83, 120f., 163
Synchronität 73, 74, 78, 89

T
Tonfall 31, 34, 44, 47, 68, 90, 120, 161, 165

V
Verknüpfung 16

W
Wellenlänge 40
Worte 92, 141f.
– einleitende 97
– verschließende 98
Wort-
– bilder 141
– wahl 35

V
Verhalten 100

Z
Zuhören, aktives 107

So bringen Sie neuen Schwung in Ihr Leben

Möchten Sie endlich Ihr Leben so leben, wie Sie es sich vorstellen? Sie scheuen sich aber vor Veränderungen? Die erfahrenen Therapeuten Beechy und Josephine Colclough begleiten den Leser in diesem Buch auf dem Weg, seine innersten Ängste und Blockaden, aber auch seine Wünsche und Potenziale zu erkennen. Einfühlsam erläutern sie, wie man selbst errichtete Hindernisse überwindet, sich realistische Ziele setzt und Schritt für Schritt Veränderungen im Leben herbeiführt.

226 Seiten, Taschenbuch
ISBN 3-478-08828-3

Wenn die Dinge im Leben nicht so klappen, wie man sich das wünscht, fehlt es oft an der richtigen Strategie. Phillip C. McGraw zeigt Ihnen in diesem intelligenten und warmherzigen Buch zehn fundamentale Lebensregeln, die man beherzigen sollte, um leichter, erfolgreicher und mit mehr Lebensfreude zu leben. Er liefert auch gleich die passenden Strategien dazu, mit denen sich die wichtigen Einsichten leicht im eigenen Leben anwenden lassen.

312 Seiten, Taschenbuch
ISBN 3-478-08669-8

Jetzt bei Ihrem Buchhändler!

www.mvg-verlag.de
Postfach 50 06 32
80976 München

Das persönliche Glück finden

Auf der Suche nach dem großen Glück begegnen uns die verschiedensten Versprechen. Doch dieses Buch wirft Licht ins Dunkel: Mit den neuesten Erkenntnissen der Positiven Psychologie zeigt es anschaulich und auch mal mit einem Augenzwinkern, wie man das Glück in sein Leben zieht. Denn das Wichtigste wussten Sie bereits: Das Glück muss von innen kommen. Und mit den Big Five des Glücks finden Sie es auch: Geborgenheit, Bindung, Persönlichkeit, Kompetenz und Selbstwertgefühl. Dann klappt's auch mit dem Leben, das sich zu leben lohnt!

ca. 240 Seiten, gebunden mit Schutzumschlag
ISBN 3-478-73340-5

Jetzt bei Ihrem Buchhändler!

www.mvg-verlag.de
Postfach 50 06 32
80976 München